新曲線 New Curves | 用心雕刻每一本……

http://site.douban.com/110283/

http://weibo.com/nccpub

用心字里行间 雕刻名著经典

改变或免疫

——心理学实证研究社会影响

[美] 戴维·迈尔斯　琼·特韦奇　著

侯玉波　廖江群　等译

人民邮电出版社

北　京

图书在版编目（CIP）数据

改变或免疫：心理学实证研究社会影响 /（美）戴维·迈尔斯，（美）琼·特韦奇著；侯玉波等译 . -- 北京：人民邮电出版社，2020.6

ISBN 978-7-115-53625-9

Ⅰ . ①改… Ⅱ . ①戴… ②琼… ③侯… Ⅲ . ①社会心理学—研究 Ⅳ . ① C912.6-0

中国版本图书馆 CIP 数据核字（2020）第 067437 号

David G. Myers, Jean M. Twenge

Exploring Social Psychology, 8e

ISBN 978-1-259-88088-9

北京市版权局著作权合同登记号：01-2019-3807

改变或免疫：心理学实证研究社会影响

◆ 著　［美］戴维·迈尔斯　琼·特韦奇

译　侯玉波　廖江群 等

策　划　刘　力　陆　瑜

责任编辑　朱公明　刘冰云

装帧设计　陶建胜

◆ 人民邮电出版社出版发行　北京市丰台区成寿寺路 11 号

邮编　100164　电子邮件　315@ptpress.com.cn

网址　http://www.ptpress.com.cn

电话（编辑部）010-84931398　（市场部）010-84937152

三河市少明印务有限公司印刷

新华书店经销

◆ 开本：880×1230　1/32

印张：8

字数：148 千字　2020 年 7 月第 1 版　2020 年 7 月第 1 次印刷

定价：55.00 元

本书如有印装质量问题，请与本社联系　电话：(010) 84937152

内容提要

从亚里士多德开始，哲人们不断向我们揭示人是社会性动物。但这种哲学式的指引无助于缓解我们纷繁复杂的现实困惑，在这种情况下，实证取向的社会心理学恰好可以弥补这种不足，为我们刻画出社会性动物的细节。

戴维·迈尔斯和琼·特韦奇的 *Exploring Social Psychology* 以“社会思维”“社会影响”和“社会关系”为主题，清晰地为我们展示了近百年来社会心理科学对上述问题的回答。该书的独到之处在于它打破了传统大部头教科书的编写方法，将每个有趣的主题组织成多个10 000字左右的模块，以符合人们长时注意的习惯时长，获得阅读的“完成感”。为了更加方便读者携带和阅读，我们在保留模块化编写优点的同时，在新版的改编中将500多页的原书按上述三个主题拆分为三个小本。

本书《改变或免疫：心理学实证研究社会影响》，便来自 *Exploring Social Psychology* 的第三编——“社会影响”。迈尔斯和特韦奇在书中详细论述了影响个体认知和行为的因素，例如基因、文化、性别、从众、服从、说服等，同时也给出了抵御不良影响、坚守自身价值观的方法。在最后一个模块中，他们还亲自展开说服，呼吁人们关注气候问题，倡导健康可持续的生活方式。

全篇逻辑严谨、用语清晰、言必有据，与市面上处理这些主题的常见写作手法形成鲜明对比；它或许不能解决您的所有困惑，但不论您是心理学的本科生、研究生、专业从业者还是普通读者，本书都能为您带来惊喜。

丛书序

这是一套私下酝酿已久的丛书。一直以来，我发现心理学教科书普遍存在章节篇幅过长的问题（包括我自己所写的教科书）。很少有人能耐心地一口气读完一章40多页的内容。为什么我们不能将这门学科组织成便于吸收的知识模块呢？比如，组织成40个篇幅为15页左右的章节，而非15个篇幅为40页左右的章节。这样一来，学生就可以一次读完一个模块，每次放下书时都会有一种完成任务的成就感。

因此，当麦格劳-希尔的心理学编辑克里斯·罗杰斯（Chris Rogers）第一次建议我将那本16章共计600多页的《社会心理学》(*Social Psychology*）进行缩写，重新组织成每个篇幅为10页左右的模块时，我欣然接受了。终于有一家出版商愿意打破传统，将学习材料变成符合学生注意广度的形式，将概念和研究成果以较小的单元来呈现。同时，我们也希望不要加重学生吸收新信息的负担，因此保持了“探索社会心理学”（*Exploring Social Psychology*）这套丛书的小巧与经济，我们希望老师们能补充其他的阅读内容。

从每一个模块吸引眼球的标题可以看出，我与我的新合著者琼·特韦奇打破了传统，以散文随笔的形式来介绍社会心理学。每一个模块的写作都遵循着梭罗的自由主义精神：“任何有生命力的东西都能用通俗的语言轻松自然地表达出来。”不论是撰写《社会心理学》还是这套丛书，我们的基调一直都是：既有坚实的科学基础，又有温暖的人文关怀；既有事实的严谨，又有智力上的挑战。我们希望能像新闻调查记者一样来揭示社会心理现象，为重要的社会现象提供最新的阐释，展现社会心理学家如何揭示和解释这些现象，同时反映出现象背后的人文价值。

在素材的选择上，我们突出了社会心理学中关于我们如何思维、如何相互影响和如何彼此联系的科学研究。同时，我们也强调那些来自人文学科知识传统的社会心理素材。通过传授文学、哲学、科学等学科，通识教育试图拓展人们的思维和意识，将人从现实的禁锢中解放出来。社会心理学能为实现这些目标做出自己的贡献。许多学习社会心理学的大学生不一定主修心理学，他们中的大部分人会进入其他行业。我们通过探索与人类生活息息相关的主题，诸如信念与错觉、独立与互依、爱与恨等，旨在让所有人都能从社会心理学中得到启发和激励。

致 谢

我们要感谢在过去12个版本的《社会心理学》的出版过程中给予指导和批评的学者们。有了这些热心的同事和同仁给予的意见（书中将分别致谢），我们得以创作出远好于闭门造车之作。

我不仅要感谢克里斯·罗杰斯的锐意创新，也感谢品牌经理杰米·拉夫雷拉（Jamie Laferrera）、编辑统筹贾丝明·斯塔顿（Jasmine Staton）、策划编辑拉希米·拉杰什（Reshmi Rajeesh）和艾琳·君德斯贝格（Erin Guendelsberger）以及整个ansrsource开发团队在修订过程中给予我们的支持。

霍普学院的凯瑟琳·布朗森（Kathryn Brownson）帮助我把《社会心理学》（第12版）的内容整理成各个模块，并为制作做好准备。她的领导和编辑才能为本书增光添彩，也减轻了我们的任务。

最后，我们要感谢两个重要的人。一位是麦格劳-希尔的尼尔森·布莱克（Nelson Black），没有他的邀请，我就不会拿起笔来创作教科书。另一位是诗人杰克·里德尔（Jack Ridl），他是我在霍普学院的同事和写作指导，帮助我润色了文字。

对所有来自各界的大力支持，我们都心存感激。与他们共事对我们来说是一种莫大的激励，这真是一段令人愉快的经历。

戴维·迈尔斯

琼·特韦奇

作者简介

戴维·迈尔斯，1942年生，美国密歇根霍普学院（Hope College）心理学教授，是知名的心理学家。迈尔斯著述颇丰，已出版17部著作，包括经典畅销教科书《心理学》《社会心理学》《社会心理学纲要》等。迈尔斯在30多种学术期刊上发表过论文，包括《科学》《美国科学家》《美国心理学家》和《心理科学》等。他还致力于把心理学知识介绍给普通读者，在近50种科学杂志上撰写专栏，包括《今日教育》和《科学美国人》等。由于迈尔斯在研究和写作上的突出贡献，他曾获得众多奖项，包括美国心理学协会的“高尔顿·奥尔波特”奖、美国脑和行为联合会的“杰出科学家”奖、美国人格及社会心理学分会的杰出服务奖以及2011年美国科学院的总统奖，等等。

琼·特韦奇，在芝加哥大学获得学士和硕士学位，在密歇根大学获得博士学位，在凯斯西储大学完成了社会心理学的博士后研究。现在是美国圣迭戈州立大学的心理学教授，已发表120余篇科学论文，主题涉及代际差异、文化变迁、社会排斥、性别角色、自尊以及自恋等。她的研究曾被《时代》《纽约时报》《今日美国》和《华盛顿邮报》等报道过。她在多个网站和杂志上为普通读者撰写文章，其中《大西洋月刊》上的一篇文章获得了全美杂志奖的提名。她经常向大学教职工、军人、夏令营负责人和企业高管讲授代际差异问题。

译者简介

侯玉波，北京大学心理与认知科学学院副教授，北京大学人格与社会心理学研究中心及北京大学－香港青年协会青少年发展研究中心常务副主任兼秘书长。研究领域涉及人格与社会心理学、文化心理学和网络心理学。主要研究中国人辩证思维和批判性思维的结构、中国传统文化对中国人社会适应的影响以及君子人格等问题。在国内外著名学术期刊上发表学术论文80多篇。中华人民共和国全国标准化委员会委员，中国心理学会监事，人格分会会长，中国社会心理学会常务理事，北京心理学会常务理事，中宣部舆情调研专家组成员。

廖江群，清华大学心理学系副教授，博士生导师。2008年于北京大学心理学系获心理学博士学位。研究方向为社会心理学及其在经济管理领域的应用，研究兴趣在于稀缺、决策与判断、消费者行为、社会认知、具身认知、亲社会行为等。先后兼任北京市社会心理学会理事兼副秘书长、中国社会心理学会应用社会心理学专业委员会委员、中国心理学会员工促进工作委员会委员、科技人力资源专业委员会委员。

目　录

改变或免疫

序

社会心理学家不仅研究我们如何想别人、认识他人（即“社会思维”主题），而且还研究我们如何相互联系、相互影响。因此，本书考察社会心理学的核心主题：社会影响的力量。

我们经常被一些看不见的社会力量所左右，这些力量究竟是什么？它们有多强大？对社会影响的研究有助于厘清社会世界中提拉着我们动来动去的那些无形的线。本书就是要揭示这些力量，尤其是性别态度的文化起源，社会遵从的压力，说服的路径，以及与他人在一起和参与团体会有怎样的后果。

一旦我们了解到这些影响在日常情境中是如何运作的，我们就会更好地理解为什么人们如其所是的那样感受和行动。进而我们就会使自己增强免疫力，抵御令人生厌的操纵，更娴熟地拉动那些属于我们自己的线。

1

人类的自然天性和文化多样性

我们人类有哪些差异？又有哪些相似之处？对于当今多元化的社会而言，这些都是核心问题，正如历史学家亚瑟·施勒辛格[1*]所说："这是我们这个时代突增的爆炸性问题。"在这个因种族、文化和性别差异而撕裂的世界中，我们能否学会接受我们的多样性，尊重我们的文化同一性，并认识到我们人类血族关系上的相通？我们相信自己能做到。要知道原因，让我们来思考一下人性演化的根源、文化的根源。

---

* 此阿拉伯数字为本章参考文献顺序号，可根据该顺序号到附录的"参考文献索引"中查找相应的作者名和出版年，再登录 http://box.ptpress.com.cn/y/53625 或于附录的"参考文献"相应处扫二维码下载查阅。

演化与行为

在很多重要的方面，我们的相似性都大于差异性。作为拥有共同祖先的大家庭成员，我们不仅在生物学上具有共同点，还具有共同的行为倾向。我们都要睡眠，也会醒来，都会感到饥渴，并通过相同的机制习得语言。我们都偏爱甜味而不是酸苦；比起麻雀，我们更害怕蛇。我们和整个地球上的同类都可以理解彼此的皱眉和微笑。

世界各地的人都有很强的社会性。我们会加入团体，从众，并认识到社会地位的差异。我们会知恩图报，惩罚冒犯行为，并且会因心爱之人的死亡而悲痛。在婴幼儿时期，我们 8 个月左右就表现出对陌生人的恐惧。而长大后，我们会偏爱自己所属团体的成员。我们会以戒备或消极的态度对待那些具有不同态度和特性的个体。人类学家唐纳德·布朗[2]识别出了几百种这类普遍的行为和语言模式。仅以字母“V”开头的单词为例，所有的人类社会都有动词（verbs）、暴力（violence）、探访（visiting）和元音（vowels）。

甚至我们的很多道德都存在跨文化和跨时代的普遍性。婴儿在学会走路之前，就会表现出道德感，他们不喜欢错误或淘气的行为[3]。不论老年人还是年轻人，男性还是女性，也不论人们生活在东京、德黑兰还是托莱多，当问及“假如致命毒气正从通风口涌入房间，房间里有七个人，是否可以把某个人推入通风口堵住毒气，杀死一个人来拯救另六个人？”所有人都会回答“不可以”。如果改变问法，“若有人自愿牺牲自己来拯救其他人，我们是否可以眼看着他跳进通风口？”人们对此更可能给出肯定的回答[4]。

体现人性的普遍行为源于我们的生物相似性。我们可能会说“我的祖先来自爱尔兰”“我的根在中国”或者“我是意大利人”，但如果追溯我们的祖先，回到10万年或更久以前，我们都是非洲人[5]。为了应对气候变化和寻觅食物，原始人类穿越非洲，迁徙至亚洲、欧洲、澳洲次大陆和美洲，寻找新的家园。随着对新环境的适应，早期人类发展出了差异。依据人类学尺度的测量，这些差异是新近产生的并且是表面上的。那些留在非洲的人肤色更黑，这被哈佛大学心理学家史蒂文·平克[6]称为“热带地区所需的防晒霜”，而那些迁徙到赤道以北很远地方的人则演化出更浅的肤色，能够在缺少阳光直射的地区合成维生素D。

我们曾是非洲人的日子还不算太远，以至于平克[7]指出，“人类还没有足够长的时间来积累许多新的基因版本”。确实，研究人类基因的生物学家已经发现，我们人类都是极其相似的，就像一个部落的不同成员。尽管人类比黑猩猩更多，但黑猩猩之间的基因差异却更大。

为了解释人类以及其他物种的特性，英国博物学家查尔斯·达尔文[8]提出了演化论的观点。他提议追踪遗传物质的变化（他所说的，就是后来的基因）。达尔文的理论认为，是**自然选择**（natural selection）使得演化成为可能。哲学家丹尼尔·丹尼特[9]因此将“人类有史以来最伟大思想的金牌”颁给了达尔文的演化论。

这一理论可以概括为：

- 有机体有许多不同的后代；
- 这些后代在自身所处的环境中互相竞争以求生存；
- 某些特定的生物学和行为上的变异，提高了它们在环境中存活和繁殖的概率；
- 那些存活并成功繁殖的后代，更可能将其基因传递给下一代；
- 因此，随着时间的推移，种群特征可能会发生变化。

某些基因会增加物种生存和繁衍的概率，因此自然选择意味着这些基因会越来越多。比如，在北极冰天雪地的环境中，那些可以形成保护色的白色厚毛皮的基因，就在北极熊的基因竞争中获胜了。

自然选择早已成为生物学的一条组织原则，近来也成了心理学的一条重要原则。**演化心理学**（evolutionary psychology, 也译作“进化心理学”）不仅研究自然选择如何偏向于那些有利于适应特定环境的生理特征，如北极熊的毛皮、蝙蝠的声呐系统和人类的颜色视觉等，而且研究自然选择如何偏向于那些有利于基因存留和延续的心理特征和社会行为[10]。演化心理学家认为，人类之所以有如今的特征，是因为自然选择偏向于那些拥有我们如今特征的个体，比如，那些偏爱食用营养丰富、高能量的甜食，讨厌有毒食物酸苦味的个体。而那些没有此类偏好的个体则不太可能存活并繁衍后代。

我们作为活动的基因机器，继承了祖先具有适应性偏好的生理和心理遗产。我们渴望拥有任何有利于我们祖先生存、繁衍并养育后代的特质和事物，并以此保证自己的生存和繁衍。甚至负面情绪——焦虑、孤独、抑郁和愤怒——都是大自然激励我们去应对生存挑战的方式。“心脏的目的是输送血液，”演化心理学家大卫·巴拉什[11]说，“而大脑的目的就是指引我们的器官和行为，从而使演化取得最大的成功。这就是演化的真谛。”

演化论重视我们人类共同的本性。我们不仅有相似的饮食偏好,而且对一些社会问题也有类似的看法,例如:“我应该信任谁？我应该帮助谁？我应该在什么时候和谁结婚？谁可以支配我？我又能控制谁？”演化心理学家认为，我们对这些问题所做出的情感和行为上的回答，与我们的祖先是一样的。

我们应该害怕什么？通常，我们所害怕的正是远古祖先所面临的危险。我们害怕敌人、陌生面孔和高处，因此，可能的恐怖分子、其他种族的人和飞行都会让我们感到害怕。我们更害怕突然出现的直接威胁，而容易忽视诸如吸烟和气候变化等人类历史上新出现的威胁，后者的危害较缓慢但更严重。

因为这些社会性的任务对世界各地的人都一样，所以人们才会倾向于做出类似的回答。例如，所有的人类都会按照权威和地位来对他人划分等级，而且每个人都对经济公正有所认识[12]。演化心理学家强调这些普遍的特性是经由自然选择演化而来的。然而，文化则给我们提供了实现这些基本社会生活的具体规则。

文化与行为

或许我们最重要的共同点（或者说人类的标志）就是我们有学习和适应的能力。我们的基因使适应性的人脑——一个接收文化软件的大脑硬盘——成为可能。演化使我们能够在变幻莫测的世界里创造性地生存，并在从热带雨林到北极冰原的多变环境中繁荣发展。与昆虫、鸟类或兽类相比，自然让基因对人类的限制没那么严格。然而，正是人类共有的生理基础使得我们具有文化上的多样性。它可以令一种**文化**（culture）里的人看重守时、喜欢坦率或者接受婚前性行为，而另一种文化里的人们则不然。正如社会心理学家罗伊·鲍梅斯特[13]所说："演化造就了我们的文化。"

演化心理学也涵盖了环境的影响。演化心理学承认，天性和教养会相互作用，从而塑造了我们。基因并非固定不变的蓝图，其表达还依赖于环境，正如茶叶需要热水冲泡才能入口留香。对新西兰年轻人的一项研究表明，即使是那些具有抑郁风险变异基因的人，也只有当他们遭受重大的生活应激（如父母离异）时才会抑郁[14]。应激和基因都不能单独引发抑郁，只有两者共同作用才会导致抑郁。

人类能在自然选择中胜出，不仅在于我们拥有发达的大脑和强壮的肌肉，而且还在于我们的文化。我们来到这个世界就已经做好了准备，要学习语言、与人亲近、与人合作以获取食物、照料小孩和保护自己。因此，不论我们成长于何种文化背景，自然都使得我们容易习得此种文化。文化的观点强调了人类的适应性。孔子说："性相近也，习相远也。"世界文化研究者罗纳德·英格尔哈特和克里斯琴·韦尔泽尔[15]发现，我们现在依然"习相远"。尽管我们的教育水平在不断提高，但是"我们并未朝统一的全球文化迈进，文化整合还没有出现。各个社会的文化遗产是相当持久的"。

文化多样性

人类语言、习俗和行为表达的多样性证明，我们的许多行为都受社会的影响，并非与生俱来。基因的影响是长期的。正如社会学家伊恩·罗伯逊[16]所言：

> 美国人吃牡蛎，却不吃蜗牛；法国人吃蜗牛，却不吃蝗虫；祖鲁人吃蝗虫，却不吃鱼；犹太人吃鱼，却不吃猪肉；印度人吃猪肉，却不吃牛肉；俄国人吃牛肉，却不吃蛇肉。

如果我们都像同一种族在世界不同地区生活，那么文化多样性与我们的日常生活就没多少关联。在日本，98.5% 的人是日本人[17]，内部的文化差异很小。与之相反，纽约市的文化差异却很大，因为在纽约 800 万人口中，三分之一以上的人都不是美国本土出生的。

我们身边文化多样性日益凸显。也有越来越多的人居住在同一个地球村中，通过电子社交网络、大型客机和国际贸易与我们的“同乡”发生联系。

面对另一种文化，有时会令人震惊。美国男性看到中东的国家元首和美国总统打招呼时，竟然亲吻面颊以示欢迎，可能会感到不适。德国学生很少习惯跟教授说话，当看到美国大学大多数教师办公室的门都敞开着，学生们可以自由停留时，会感到很奇怪。第一次去美国麦当劳用餐的伊朗学生，会很自然地在纸袋中摸索餐具，直到发现其他人都是直接用手吃薯条为止。你我的好习惯在世界很多地方都可能严重违背礼节。到日本旅游的外国人往往很难掌握日本的社交规则：什么时候脱鞋，如何倒茶，什么时候赠送和打开礼物，以及如何对待社会地位较高或较低的人。

移民或难民撤离尤其促进了文化的混合。19 世纪的英国作家拉迪亚德·吉卜林曾写道：“东方是东方，西方是西方，双方永不碰面。”但是今天，东方和西方、南方和北方一直在碰面。意大利有很多阿拉伯人，德国有很多土耳其人，英国有很多巴基斯坦人，其结果是友谊与冲突并存。每 5 个加拿大人和每 8 个美国人中就有一人是移民。当我们与来自不同文化背景的人一起工作、玩乐和生活的时候，我们会更容易理解文化对人的影响和文化差异。在充满冲突的世界里，实现真正的和平需要求同存异。

正如礼仪规则所示，所有的文化都有各自认可的得体行为。我们经常把这些社会期望或者社会**规范**（norms）视为一种强迫

“女人可以亲吻女人道晚安，男人也可以亲吻女人道晚安，但男人之间不可以亲吻道晚安，特别是在纽约州的阿尔蒙克。”

“尽管某些社会规范具有普遍性，但不同文化都有自己的社会规范——可以接纳和期待的社会行为规则。”

人们盲从传统的负面力量。社会规范确实可以成功而微妙地约束和控制我们的行为，以至于我们几乎察觉不到。就像水中的鱼一样，我们每一个人都深受文化的影响，以至于我们必须从中跳出来才能理解文化的影响。荷兰心理学家威廉·库曼和安顿·迪克[18]说：“当我们看到其他荷兰人用外国人所谓的‘荷兰方式’行事时，我们通常意识不到这些行为具有典型的荷兰特征。”

了解我们本土文化规范的最好方法是观察另一种文化，看看两种文化中人们处事方式的异同。在苏格兰生活时，我告诉我的孩子们，欧洲人确实是用左手拿叉子吃肉的，但“我们美国人却认为先切开肉，然后将叉子换到右手才符合礼仪。我承认这缺乏效率，但这就是我们吃饭的方式。”

不接受社会规范的人认为，此类规范似乎过于专断和狭隘。大多数西方人认为，日本人的一些礼节似乎是繁文缛节，但对日本人来说则并非如此。正如演员需要知道自己的台词，才能顺利排演戏剧一样，人们同样需要明白社会对自己的期待，社会行为才能顺利发生。社会规范可以使整个社会机器更顺畅地运转。如果我们身处陌生的环境，不了解其中的社会规范，就会观察他人的行为，并相应地调整自己的行为。

不同文化在个人选择、表达性、守时性、打破规则以及私人空间等社会规范上存在差异。下面一一论述。

个人选择

文化在强调个体自身（个人主义文化）以及他人和社会（集体主义文化）的程度上有所不同。因此，西方国家（通常是个人主义）允许人们有更大的空间做个人决策。读大学时，我有一位巴基斯坦裔的美国朋友，她想去研究生院学习拉丁语，但她的父母坚持让她去医学院，并且说如果她不去，就不再给她提供经济支持。对于在美国长大的我来说，当她父母告诉她应当选择什么专业时，我是相当震惊的。但是在集体主义文化中，父母的这种建议是被广泛接受的。

表达性

对于比较拘谨的北欧文化中的人来说，热情开放的拉丁美洲文化中的人可能显得“热情、迷人、低效和浪费时间”；拉丁美洲人则可能会觉得北欧人“高效、冷漠和过于看重时间”[19]。他们的看法可能是对的：在街道上，北欧人走得比拉丁美洲人快，并且北欧银行的时钟更可能是准确的[20]。

守时性

拉丁美洲的商人可能会在一次邀约晚宴迟到之后，为北美朋友如此纠结于守时而费解。去日本旅游的北美人可能会对行人之间缺乏眼神交流而感到困惑。

打破规则

规范在传统的集体主义文化中极其重要。一项研究表明，韩国人（比美国人）更可能回避素食主义的同事，因为后者的选择违背了规范。对大多数美国人而言，成为一名素食主义者只是个人的选择；但对韩国人来说，成为素食主义者则表明个人脱离了群体，因此是不受欢迎的[21]。很多集体主义文化会宣传这种观念：人类的痛苦（比如感染疾病）是因为违背社会规范所导致的[22]。集体主义文化更可能通过身份（同性恋者、移民）或行为（酗酒、吸毒）来污名化那些看似不同的人[23]。

私人空间

私人空间（personal space, 也译作“个人空间”）是一种我们想要在自己与他人之间维持的安全距离或缓冲区域。随着情境变化，安全距离的大小也会改变。与陌生人在一起时，大多数美国人都会保持相对较大的私人空间，人与人之间的距离大约是 1.2 米或更大。在不太拥挤的公共汽车上，或者在休息室或图书馆里，我们会保护自己的空间并尊重他人的空间。我们会让朋友离得近一些[24]。

私人空间存在个体差异，有些人喜欢较大的私人空间[25]。群体之间也存在差异：成人之间维持的距离比儿童大；男性之间的距离要比女性大。不知何故，靠近赤道的文化圈偏爱更小的私人空间、更多的身体接触和拥抱。因此，英国人和斯堪的纳维亚人比法国人和阿拉伯人更喜欢较大的人际距离，北美洲的人比拉丁美洲的人更喜欢较大的私人空间。

为了观察侵入他人私人空间的后果，你可以尝试扮演空间入侵者。你可以在距离朋友 0.3 米左右的地方与他聊天，或站或坐，观察他是否坐立不安、转移视线、后退或者表现出其他不适迹象。这些都是空间侵入研究者注意到的唤醒信号[26]。

文化差异不仅表现在这些行为规范上，同时也表现在规范的力度方面。一项涉及 33 个国家的研究让人们评价不同情境下（如在银行或聚会）各种行为（如吃东西或哭喊）的恰当性。结果显示，那些行为规范更严格、更具强制性的社会，其文化是“严苛的”，更可能存在诸如领土冲突和资源匮乏等威胁[27]。

文化相似性

正是由于人类的适应性，才出现了文化上的差异。然而在文化差异的表象下，跨文化心理学家发现了“内在的普遍性”[28]。作为人类的成员，我们差异行为背后的机制在任何地方大抵相同。例如，世界各地的儿童在 4~5 岁时都开始表现出“心理理论”，使他们能推测他人所想[29]。无论儿童来自哪种文化，当他们看到玩具被人拿走，而另一名儿童没有看见时，他们都推测这个孩子会认为玩具还在原来的地方。

“看，这里的每个人都喜欢香草精，是吧？
让我们就从这里开始吧。”

尽管文化差异巨大，但人类仍有相同之处。

普遍的友谊规范

世界各地的人们有着一些共同的友谊规范。在英国、意大利、中国和日本进行的研究中，迈克尔·阿盖尔和莫妮卡·亨德森[30]注意到，在定义朋友角色的规范方面存在一些文化差异。例如，在日本，尤为重要的是不要当众批评朋友令其难堪。但也有一些显然普遍的规范：尊重朋友的隐私、说话时有眼神交流以及不泄漏私下所说的话。

普遍的地位等级规范

无论人们在哪里形成地位等级，他们在对地位比自己高的人说话时，都较为尊敬，就像平常与陌生人说话一样。而他们在跟地位较低的人说话时，则更为随意、直呼其名，就像与朋友聊天一样[31]。病人会称呼医生为“某某医生”，而医生往往会以病人的名字来回应。学生和老师之间通常也以这种类似的不对等的方式称呼彼此。

大多数语言都有两种第二人称：尊敬的形式和亲切的形式（例如，德语中的 *Sie* 和 *du*，法语中的 *vous* 和 *tu*，西班牙语中的 *usted* 和 *tu*）。人们通常对熟人和下属采用亲切的形式——如亲密朋友和家人，还包括儿童和宠物。当陌生人开始用“*Sie*”而非“*du*”来称呼一个德国少年时，会令其受到极大的鼓舞。

这一普遍规范的第一部分——称呼的形式传递的内容不仅有社会距离还有社会地位——与第二部分密切相关：亲密关系的进展往往由地位较高的人先提出。在德国，两人的交往大多从礼貌的正式称谓“Sie”开始，最终可能向更亲密的称谓“du”发展，这种亲密感的发展必须有人来发起。你认为谁会发起呢？在愉快的气氛中，两人中的年长者、富人或更杰出的人会提出：“让我们用‘*du*’称呼彼此吧！”

这一规范可以超越语言，延伸到亲密关系的各种进展中。从熟人或下属那里借笔或者把手搭在他们的肩上，比起对陌生人或者上司这样随意地行动更能让人接受。同样，我所在大学的校长会先邀请教员到他家里去，而不是相反。在亲密关系的进展过程中，地位更高的人往往是关系发展的控制者。

乱伦禁忌

最知名的普遍规范是乱伦禁忌：父母不可以与孩子发生性关系，兄弟姐妹之间也不可以发生性关系。尽管乱伦的实际发生情况显然比心理学家的原先估计更多，但这一社会规范仍是普遍的。所有的社会都不赞成乱伦。考虑到近亲生育的生物学惩罚（出现与隐性基因相关的疾病），演化心理学家很容易理解为何世界各地的人们都会反对乱伦。

2

性别、基因与文化

人类的多样性表现在很多明显的维度——身高、体重、发色等等。但是对于人们的自我概念和社会关系而言，最重要和最先适应的两个维度是种族和性别，尤其是性别[1]。你出生时，人们最先问的问题往往是："男孩还是女孩？"人必分男女，性别是无法选择的。2011 年，一对加拿大夫妇为了让孩子不受性别期望的影响，形成自己的性别同一性，发誓将对孩子的性别保密。这一行为引发了一股批评狂潮[2]。

与北美文化一样，很多文化都传递出一个强烈的信息：每个人都必须有指定的性别。如果婴儿在诞生时同时具有男女两性的性器官，从传统上来说，医生和家人都会觉得必须为这一双性孩子指定某一性别，通过手术来消除性别的模糊性。在白天与黑夜之间存在黄昏。在炎热和寒冷之间存在温暖。但从社会的角度来说，在男性和女性之间根本上没有第三种性别。跨性别者（transgender）最像是一个例外，他们自己所认为的性别与其生物性别不一致[3]。他们可能觉得自己是一个长着男性身体的女性，或者长着女性身体的男性，还可能会按照自己认同的性别来穿衣打扮，或者做手术来改变自己的外貌，以保持与同一性的一致。

性别与基因

性别（gender）指的是与男女两性有关的特征。哪些行为是典型的男性期望行为？哪些行为是典型的女性期望行为？

朱迪丝·里奇·哈里斯[4]提到："人类基因组中共有46条染色体，其中45条与性别无关。"因此男女两性在身体特征和发育阶段的很多方面非常类似，比如开始坐立、长牙和行走时的年龄。同样，两性在很多心理特征上也极其相似，比如词汇总量、创造力、智力、自尊和幸福感等。两性都有相同的情感和渴望，都宠爱自己的孩子，都有相似的大脑结构（尽管平均来说，男性的神经元更多，女性的神经连接更多）。的确，珍妮特·希伯利·海德[5]通过对46项元分析（每一项元分析都是对几十项研究的统计分析）的综述发现，大多数研究变量的共同结果是性别相似性。

在大多数心理属性上，性别间的共性要大于差异[6]。实际上，“异性”与你几乎是相同的性别。

那么我们是否可以得出这样的结论：男人和女人除了一些只在特定场合才有意义的解剖学特征以外，其本质完全相同？事实上，男女之间确实存在着一些差异，正是这些差异而非相似吸引着人们的注意，制造出新闻。在日常生活和科学研究中，差异总会引起人们的兴趣——引发了约 18 000 项比较两性异同的研究[7]。与男性相比，女性一般：

- 脂肪多 70%，肌肉少 40%，矮约 13 厘米，轻约 18 公斤；
- 对气味和声音更为敏感；
- 患焦虑障碍或抑郁的概率是男性的两倍。

而与女性相比，男性一般：

- 进入青春期的时间更晚（约晚两年），但是死亡时间更早（从全世界范围来说早 4 年）；
- 被诊断为 ADHD（注意缺陷 / 多动障碍）的可能性是女性的 3 倍，自杀率是女性的 4 倍，死于雷击的可能性是女性的 5 倍；
- 摆动自己耳朵的能力更强。

20 世纪 70 年代，很多学者担心此类性别差异的研究可能会强化性别刻板印象。性别差异会被解释成女性的缺陷吗？尽管研究结果证实了一些女性刻板印象，如身体攻击更少、更为关心他人、对社会关系更敏感等，但这些正是绝大多数人——无论是男性还是女性——都喜爱的特质[8]。因而，难怪大多数人在评价他们对于女人的信念和感受时，认为“女人”比“男人”更受欢迎——有人把这种现象称为“女性真棒”效应[9]。

性别差异性

接下来我们比较一下两性在社会关系、支配性、攻击性和性特征等方面的异同。然后，我们再思考如何用演化和文化的观点进行解释。性别差异是否反映了自然选择？抑或是由文化建构的，即反映了两性通常扮演的角色及其所处情境？还是说基因和文化共同造成了性别差异？

独立性与联系性

从激烈竞争到养育关爱，每个男性都表现出不同的见解和行为，女性也一样。几位20世纪末的女性主义心理学家并未否认上述观点，但是他们提出，女性比男性更重视亲密关系[10]。证据如下。

游　戏

埃莉诺·麦科比[11]对性别发展进行了数十年的研究，她指出，与男孩相比，女孩之间的谈话更加亲密，而且游戏也更少具有攻击性。女孩还在更小的群体中开展游戏，往往与一个朋友交谈，而男孩则更多地进行更大的群体的活动[12]。由于他们各自和同性别的人玩耍，所以性别差异就会逐渐增大。

友　谊

至少在个人主义文化中，成年女性比成年男性更可能会用人际关系的词汇来描述自己，更乐于接受别人的帮助，更能体验到与人际关系有关的情感，更能适应与他人的关系[13]。在交谈中，男性往往关注任务以及与大群体的关系，而女性则更多关注个人关系[14]。通常来说，女性更能觉察她们的行为是如何影响他人的[15]。乔伊斯·班纳森及其同事[16]报告称，“可能是由于女性更渴望亲密情感”，所以大一女生调换室友的可能性是男生的两倍。

打电话时，女性聊的时间更长，并且女孩发短信的数量是男孩的两倍以上[17]。如果交谈的目的是与他人建立关系，女性会说得更久，但如果目的是表明自己的意见和提供信息，男性实际上总体说得更多。女性会花更多的时间发送电子邮件，她们在邮件中表达的情感也更多[18]，并且她们在社交网络上花的时间也更多[19]。

在群体中，女性彼此会更多地分享各自的生活，为他人提供更多的支持[20]。面临压力时，男性倾向于以“战斗或逃跑”来回应，通常以战斗来应对威胁。谢利·泰勒[21]指出，几乎在所有的研究中，遭遇压力的女人都更多地表现出“照料和结盟”：向家人和朋友寻求支持。在大一学生中，66% 的男生认为“帮助有困难的人”非常重要，而 77% 的女生有同样的想法[22]。从两性在脸书（Facebook）上经常使用的语言中，我们可以很明显地看出这些性别差异（见图 2-1）。

职　业

通常来讲，女性对与人打交道的工作（教师、医生等）更感兴趣，而男性则对与客观事物打交道的工作（卡车司机、工程师等）更感兴趣[23]。与男性相比，女性对与数学密切相关的职业不太感兴趣，即使那些具备数学天赋的女性也是如此[24]。另一个差别是：男性往往会被那些增加不平等的工作（检察官、广告策划人等）所吸引，而女性则被那些减少不平等的工作所吸引[25]（公

图 2-1 7 万多名脸书用户所使用的、性别差异最大的单词和短语。在这项自然语言研究中，独立性与关联性的性别差异很明显。其他的差异也很明显，比如男性更爱骂人，女性更关注购物。

设辩护律师、慈善工作的宣传者）。对64万人的工作偏好的研究发现，男性更看重收入、晋升、挑战和权力，而女性则更看重工作时长、私人关系和助人机会[26]。确实，在北美大部分照料职业（如社工、教师、护士）的从业者中，女性比男性更多。

家庭关系

女性作为母亲、女儿、姐妹或祖母，联结和维系着家庭[27]。孩子出生后，父母（尤其是母亲）对与性别有关的态度和行为会变得越来越传统[28]。女性照料孩子的时间大约是男性的两倍[29]。女性购买礼物和贺卡的数量是男性的3倍，写私人信件的数量是男性的2~4倍，给朋友和家人打长途电话的次数要比男性多10%~20%[30]。世界各地随机抽取的500人的脸书页面中，女性展示了更多的家庭照片，表达了更多的情绪，而男性则更可能展示自己的地位或冒险行为[31]。

同理心

接受调查时，女性非常可能将自己描述为具有**同理心**（empathy，也译作“共情”），即对他人感同身受——为他人的喜悦而喜悦，为他人的悲伤而悲伤[32]。在实验室研究中，同理心也的确存在性别差异，但差异程度较小：

- 在观看图片或者听完故事后，女孩会有更多的同理心反应[33]。

- 在实验室或实际生活中遭遇令人不安的经历后，女性比男性更可能对遭受相似经历的人产生同理心[34]。
- 当看到别人接受疼痛刺激时，女性与同理心相关的脑区表现出激活的增强，即使男性没有类似的反应[35]。

所有这些差异都有助于解释：与男性的友谊相比，男女两性都认为与女性的友谊更加亲密、愉悦并且有益身心[36]。当你需要别人的同理心和理解时，会向谁寻求帮助，倾诉你的苦与乐？大部分两性通常会向女性求助。

对两性同理心差异的一种解释是，女性往往比男性更善于解读他人的情绪。朱迪思·霍尔[37]对 125 项考察两性对非言语线索敏感度的研究进行分析发现，女性一般更善于对他人的情绪信息进行解码。例如，呈现一段 2 秒钟的无声电影片段，画面是一位女性不安的面孔，女性能更准确地猜出她究竟是在批评别人，还是在谈论她的离婚。女性回忆他人外貌的能力也显著优于男性[38]。

最后，霍尔认为，女性更擅长以非言语的方式表达情绪。埃里克·科茨和罗伯特·费尔德曼[39]报告，这一特点在表达积极情绪时尤为明显。他们让人们谈论自己快乐、悲伤和愤怒的时光。之后，他们给实验参与者呈现这些讨论 5 秒钟的无声视频片段，当视频中的人回忆快乐时光时，观察者对女性情绪的辨别要好于男性。然而，男性在传递愤怒时稍好于女性。

社会支配性

想象有这样两个人：一个“大胆、独裁、粗鲁、强势、坚强、独立和强壮”，而另一个“深情、依赖、天真、感性、服从和弱小”。如果你觉得第一个人更像男人，第二个人更像女人，那么按照约翰·威廉斯和德博拉·贝斯特[40]所说，你与很多人的想法一样。从亚洲到非洲，从欧洲到澳洲，人们都认为男人更强势、更进取和更有攻击性。而且，对70个国家近8万人的研究表明，男人比女人更重视权力和成就[41]。

这些观点和期望是与现实相符的。几乎在所有的社会中，男性都处于统治地位[42]。正如彼得·赫加蒂及其同事[43]所发现的，从古至今，男性的名字都排在女性前面，例如：“国王和王后”“他的和她的”“丈夫和妻子”“先生和夫人”、“奥巴马和米歇尔”。莎士比亚从未用过诸如“朱丽叶与罗密欧”或“克利奥帕特拉与安东尼”这样的戏剧名。

我们将看到，不同文化的性别差异极大，但在许多工业化国家，随着女性担任更多的管理和领导岗位，性别差异正在逐渐减小[44]。但是我们还需看到：

- 2014年，全世界所有的议员中女性只占22%[45]；
- 男性比女性更关心社会统治问题，更可能支持保守的政治候选人和维持群体不平等措施[46]；

- 陪审团成员中男性占一半，但在选出的首席陪审员中男性却占到了 90%，并且大部分临时设立的实验室小组的领导者也都是男性[47]；
- 在英国，男性占据了前 100 强企业董事会 77% 的席位[48]。

很多研究发现，人们认为领导者在文化上更具有男性特质：更自信、强硬、独立和坦率[49]。在写推荐信时，人们更常使用诸如“能动性”（agentic）此类的形容词来描述男性候选人，而更多地使用“社交性”（communal）的形容词（助人、友善、同情、慈爱、得体）来描述女性候选人[50]。实际结果可能使得女性在申请领导岗位时处于劣势。

男性的沟通方式可以加强他们的社会权力。在领导岗位上，男性往往擅长指示性的和专注于任务的领导角色，而女性通常擅长“变革型”或“关系型”的领导角色——采用励志的社交技巧培养团队精神，这种领导风格受到越来越多的组织欢迎[51]。男性比女性更强调胜利、领先以及掌控他人[52]。这或许能够解释为什么与群体内冲突相比，人们对于群体间竞争（如国际战争）更偏好男性领导者[53]。

男性还更冲动，更爱冒险[54]。一项对 35 000 位股票经纪人的账户交易数据的研究发现，“男性比女性更自负”，所以他们比女性的股票交易次数多出 45%[55]。因为交易是有成本的，而且证据表明男性的交易并不比女性更成功，所以交易使他们在股票市场

“这个报告很好，芭芭拉，不过由于两性讲的并非同一种语言，我恐怕没有听明白你说的话。”

中损失了 2.65% 的净收益，而女性只损失了 1.72%。男性的交易更冒险，因此收益也更少。

在写作方面，女性更多使用联系性介词（“with”），更少使用数量词，更多使用现在时态。有一个计算机程序，根据文本的遣词造句来判断性别，在对 920 本英国小说及非虚构作品的作者性别的识别中，该程序的正确率高达 80%[56]。

在交谈中，男性的谈话风格反映出他们对独立性的关注，而女性则更关注人际联系。男性更可能像强势之人那样行动——坚定自信地谈话、直接打断他人、用手触碰对方、更多地注视对方以及较少微笑[57]。从女性角度考虑，她们更多采用间接方式影响他人——较少打断他人、更敏感、更礼貌、更谦虚，语气更缓和及避免明确表态。

那么是否可以断言（正如20世纪90年代一本畅销书的书名一样），《男人来自火星，女人来自金星》？事实上，凯·杜克斯和玛丽安娜·拉弗朗斯[58]指出，男女两性的谈话风格会随着社会背景而变化。我们赋予男性的许多特征往往是那些有一定社会地位和权力之人（包括男女）典型的特性[59]。例如，学生与教授谈话比与同龄人谈话更频繁地点头，并且女生点头的次数多于男生[60]。男人——以及社会地位较高的人——谈话的声音往往较大，更多地打断他人[61]。此外，个体之间还存在差异：有些男性总是犹豫不决，而有些女性则坚定自信。很显然，男性和女性来自不同行星的说法太过简单化了。

攻 击

心理学家把**攻击**（aggression）定义为意图伤害他人的行为。在全世界，捕猎、打斗和战争等主要是男性从事的活动[62]。调查显示，男性承认自己比女性更具攻击性。在实验室实验中，男性确实表现出更多的身体攻击，比如实施（自以为真的）具有伤害性的电击[63]。在加拿大和美国，因谋杀而被拘捕的男女比例为8:1[64]。几乎所有的自杀式恐怖分子都是年轻男子[65]。几乎所有死于战场上的人和死刑犯也是男性。

但是，这一性别差异也会因情境而波动。当人们被挑衅时，性别差异会缩小[66]。在一些伤害较小的攻击中，比如扇家人耳光、摔东西或者言语攻击，女性的攻击行为并不比男性少，甚至可能更多[67]。女性似乎也更可能发起间接的攻击行为，例如散布恶意的流言[68]。但是，在全世界所有的年龄阶段，男性利用身体攻击来伤害他人都要多得多。

“那是男人的事情。”

性特征

两性对性刺激的生理和主观反应“大同小异”[69]。性别差异存在于对性刺激的生理和主观反应之前。请思考以下问题：

- 想象某一天你正在校园散步，这时一位有魅力的异性走近你并对你说：“你好，我最近一直在校园里看到你，我觉得你很有魅力。你愿意今晚和我上床吗？”你会怎样回答呢？没有一个女性回答说“愿意”，但四分之三的男性都回答说“愿意”[70]。而当被问及“是否愿意去约会”时，男人和女人回答“愿意”的比例基本相同[71]。
- “我可以想象自己愉悦地享受与不同伴侣的‘随意’性行为。”澳大利亚的一项调查显示，48% 的男人和 12% 的女人对此表示同意[72]。对 48 个国家和地区的研究表明，不同国家对性放纵的接受程度存在差异，其中芬兰人的态度比较开放，支持多个性伴侣，而中国人则相对忠贞，支持一夫一妻制[73]。但在所研究的所有样本中，男人比女人更渴望性放纵。同样，BBC 调查了 53 个国家的 20 多万人，发现各地的男人都更强烈地赞同“我有很强的性驱力”这种说法[74]。
- 在一项调查中，随机抽取 3 400 名 18~59 岁的美国人，其中 48% 的女人和 25% 的男人（约为女人的一半）认为他们发生第一次性关系的原因是对伴侣的爱。在一个 18~25 岁的大学生样本中，男生平均约每隔一小时就想到一次性，而女性平均约为两小时——但个体差异很大[75]。男性手淫也比女性多[76]。

两性在性态度上的差异还延伸到行为层面。跨文化心理学家马修·西格尔及其同事[77]报告说："世界各地，几乎无一例外，男性比女性更可能发起性活动。"

与女同性恋相比，男同性恋也报告，他们对随意的性关系更感兴趣，性爱频率更高，对色情作品更感兴趣，对视觉刺激的反应更强烈，更关注伴侣的吸引力[78]。美国女同性恋中有47%的人会建立有承诺的关系，几乎是男同性恋的两倍（24%）[79]。佛蒙特州的同性民事结合和马萨诸塞州的同性婚姻中，三分之二都是女性伴侣[80]。史蒂文·平克[81]评论说："并不是说男同性恋性欲

男 妓

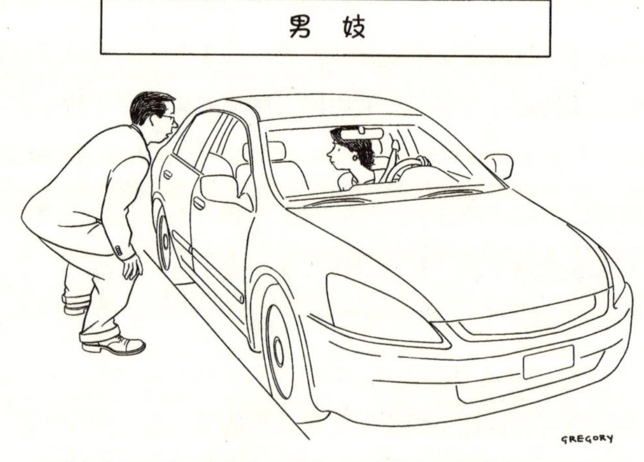

"噢耶，宝贝，我会听你的话——我整晚都会听你的话。"

过盛，他们只是表现了正常男人的性需求，只不过对象也是男人罢了。”

确实，男人不仅有更多的性幻想，性态度也更开放，会寻找更多的性伴侣，也更容易性唤醒，渴望更频繁的性生活，手淫次数更多，观看更多的色情作品，更不擅于独身生活，更少拒绝性爱，更喜欢冒险，花费更多的资源来满足性需求，且更偏爱形式各异的性行为[82]。一项研究询问了 52 个国家的 16 288 人，在未来一个月，他们渴望有多少个性伴侣。结果发现，在单身人群中，29% 的男人和 6% 的女人报告，渴望一个以上的性伴侣[83]。同性恋和异性恋的结果一样（29% 的男同性恋和 6% 的女同性恋渴望一个以上的性伴侣）。

人类学家西蒙斯[84]指出：“在世界各地，性都被理解为女性拥有而男性渴望的事物。”难怪鲍迈斯特和沃斯说，世界各地的文化都更重视女性而非男性的性行为，正如卖淫与求爱过程中所表现出来的性别不对称。男人一般会提供金钱、礼物、赞美或承诺，含蓄地换取女性的性顺从。他们注意到，在人类的性经济学中，女性很少为性付费。就像工会反对“不罢工的工人”会损害他们自身工作的价值，大多数女人都反对其他女人提供“廉价的性服务”，这会降低她们自身性行为的价值。在 185 个国家中，适婚男人越少，少女的怀孕率就越高——因为男人稀缺时，“女人们会以更低的价格提供性行为来相互竞争，以获得男性的承诺”[85]。当女人稀缺时（如印度），女性性行为的市场价值就会上涨，她们可以要求更高的承诺。

性幻想也存在性别差异[86]。在以男性为受众的色情作品中，女人通常单身且充满性欲；而在以女性为主要读者的爱情小说中，温柔的男主角总是会全身心地爱着自己的心上人。并非只有社会科学家才注意到这种性别差异。幽默作家巴里[87]评论说："女人们可以为一部长达 4 个小时的带字幕的电影而着迷，整个电影情节就是一男一女向往发展出一段恋情，但最终却没有什么结果。而男人极其讨厌这样的剧情。男人或许只能接受 45 秒钟的感情发展，而后就希望大家脱衣服，然后再来一场汽车追逐的戏。一部名为《飞车中的裸身男女》的影片会很吸引男人。"

演化与性别：与生俱来的行为

性别研究专家哈尔佩恩[88]提出："在不同的研究、种族和文化中，性别差异的研究结果是一致的。"其原因何在？盖洛普公司[89]的一项全美调查有一个问题："你认为造成男女两性不同人格、兴趣和能力的原因是什么？主要是两性不同的养育方式，还是其生理差异造成的？"选择后天教养和生理差异的人数比例大致一样。

两性的确在生物学上存在某些突出的性差异。男性的激素有助于增强肌肉以便狩猎，而女性则拥有哺乳的能力。这种生物学

“我打猎，她采摘，不然的话，我们没法过活。”

上的性差异是否仅仅局限于明显的生殖和体形差别呢？还是男女两性在基因、激素和大脑上也有不同，而这也导致了他们的行为差异？

性别与择偶偏好

演化心理学家肯里克[90]以及此后的很多人都注意到两性在攻击性、支配性和性特征上的差异在全世界都持续存在，他们认为：“我们无法改变人类这一物种的演化史，毫无疑问，我们彼此之间的一些差异受到了那段历史的影响。”演化心理学预测，如果两性面对完全相同的适应性挑战，就不会有任何性别差异[91]。两性都通过分泌汗液调节体温，在口味上都偏好有营养的食物，皮肤经常摩擦都会起老茧。但是演化心理学也预测，在择偶和繁殖有关的行为上存在性别差异。

比如，让我们来思考一下男性在性活动中更强的主动性。普通男性一生可制造数万亿个精子，所以相比于卵子，精子要廉价很多。（如果你恰好是一名普通男性，在读这句话的时候，就可制造 1 000 多个精子。）而且，在女人怀孕产子以及随后的哺育婴儿期间，男人还可以使很多女人怀孕来传播自己的基因。生一个孩子，女人从怀孕到分娩需要 9 个月，而男人可能只需要 9 秒。

因此，演化心理学家认为，女性会在意男性拥有的资源和做出的承诺，谨慎地选择繁殖机会。男性则会与其他男性竞争以获得传递基因的机会，因此男性寻找的是“能够播种的健康、肥沃的土壤”。女人寻求的则是那些能帮助她们照料花园的男人——资源丰富且感情专一的父亲，而不是那些朝三暮四的花花公子。女人择偶精挑细选，而男人择偶则贪多务得。至少理论上是这样。

此外，演化心理学提出，具有体能优势的男性更擅长接近女性，因为攻击性较弱的男性繁殖的概率较低，所以人类漫长的演化历程增强了男性的攻击性和支配性。那些帮助蒙特祖玛二世成为阿兹台克国王的基因，与他后宫中 4 000 个女人的基因一起遗传给了他的后代[92]。如果我们的女性祖先能通过理解自己孩子和求婚者的情绪而获得益处，那么自然选择就会同样偏爱具有理解情感能力的女性。在所有这些假设之下的原则是：自然会选择那些有助于传递基因的特性。

这些过程很少是有意识的。很少有人会在性爱的激情中停下来思考："我想把我的基因传给后代。"相反，演化心理学家认为，我们天生的渴望就是我们的基因制造更多基因的方法。情绪执行演化的倾向，很像饥饿促使人体产生对营养的需要。

演化心理学还预测，男性会努力为女性提供其渴望的外界资源和身体保护。雄孔雀会炫耀它们的羽毛，男人也会展示他们的腹肌、豪车和财富[93]。在一个实验中，让十几岁的男性和一位十几岁的女性独处一室后，前者会把"有钱"看得更加重要[94]。在威尔士卡迪夫进行的一项研究显示，无论女性坐在简陋的福特嘉年华里还是豪华的宾利里，男性觉得她的吸引力一样；但女性会觉得坐在豪车里的男性更具吸引力[95]。威尔逊[96]认为"男性的成就最终会变成一种求爱炫耀"。

为了吸引男性，女性可能会隆胸、除皱、抽脂，从而展示男性所渴望的年轻、健康的外表（暗示着生殖力）。两性的择偶偏好可以证实这些观察结果。从澳大利亚到赞比亚，对 37 种文化的研究显示，无论在何地，生殖力旺盛的女性外表（如年轻的脸孔和身材）都对男性更加富有吸引力；而女性则被那些富有、强势和雄心勃勃的男性所吸引，因为这表示男性有充足的资源来保护和抚养后代。但两性也存在相似性：不论是在印度尼西亚群岛还是在巴西圣保罗市，男女都渴望友善、爱情和双方的相互吸引。

每个月的生殖周期也有影响。女性的行为、气味和声音都会提供一些微妙的排卵线索，男性能觉察这些线索[97]。在生殖周期的顶点，女性更偏爱阳刚的面孔，更警惕具有潜在威胁的男性，更擅长觉察男性的性取向[98]。她们也更多地跟男性调情，尤其是那些自信、在社交上强势的男性[99]。

反思这些研究结果后，巴斯[100]报告说："世界各地的男女在择偶偏好上的差异，与演化论者的预测完全一致，这多少让人感到惊讶。就像我们对蛇、高处和蜘蛛的恐惧为我们提供了一扇窗，以了解演化过程中人类祖先遭遇的生存危险一样，我们的择偶偏好同样为我们提供了一扇窗，以洞察祖先繁衍所需的资源。成功生存并繁衍的祖先所具有的偏好，一直延续到今天我们所有人。"

对演化心理学的反思

演化论的批评者并未驳斥自然选择（自然对那些能够增加基因生存概率的身体和行为特征的选择过程），而是指出演化论的解释存在一个问题。演化心理学家有时会从某个结果（比如两性发起性行为的差异）出发，然后反过来为其构建一个解释。正如生物学家埃利希和费尔德曼[101]所指出的，采用这样的后见之明解释时，演化理论家几乎从不会犯错。当今的演化心理学就像过去的弗洛伊德心理学，批评者如此评述：不论发生什么，这两个理论都可以根据实际情况进行修正。

防止后见之明偏差的方法是假设事件以其他方式发展。我们不妨想想，女性如果比男性更强壮而且更有攻击性。有些人会解释说："当然啦，这样可以更好地保护她们的孩子。"如果男性从来没有过婚外情，我们是否就很难发现这种忠诚背后的演化智慧呢？因为将后代养育成人远比播种受精重要，所以男女共同投入来养育孩子将令双方受益。那些对伴侣和后代忠诚的男性更可能看到后代繁衍生息，传递并延续他们的基因。一夫一妻制也有助于增强男性对父子关系的确定性。（事实上，对于那些后代需要大量养育投入的人类及其他物种而言，他/它们为何倾向于配对生活并实行一夫一妻制，演化论给出的解释也是基于后见之明的。）

演化心理学家争论说，文化上的解释并不少见后见之明的影子：为什么男女会有差异？因为文化通过社会化塑造了他们的行为！当人们的角色随着时间和地点而变化时，"文化"更多地是在描述那些角色而不是解释它们。而且演化心理学家认为，他们的学说远远超越了后见之明的猜想，其领域是一门利用动物行为数据、跨文化观察结果以及激素和遗传学研究来检验演化论预测的实证科学。与很多科学领域一样，观察结果促使学者提出理论，而理论能够产生可以检验的新预测。这些预测使我们不但可以对未注意到的现象有所警觉，而且可以证实、反驳或修正理论。

演化心理学的批评者承认，演化确实有助于解释我们人类的共性和差异（一定程度的多样性有利于生存）。但是他们强调，仅凭人类共同的演化遗传并不能预测人类婚姻模式中巨大的文化差异（从一夫一妻到一夫多妻或者一妻多夫以及交换配偶），而且演化也无法解释为什么文化能够用短短几十年的时间就影响人们的行为模式。自然赋予我们最重要的特征似乎就是适应能力——学习和改变。演化论的拥护者提出，演化并非基因决定论，因为演化让我们能够适应各种各样的环境[102]。正如大家都知道的，文化存在多样性，而且在不断变化。

性别与激素

如果基因预先设定了与性别有关的特性，那么基因肯定会通过影响我们的身体来表现这一点。在男性胚胎中，一个单基因（称为睾丸决定因子）引导睾丸的形成，而后睾丸开始分泌睾丸素——影响男性化体征和其他特征的男性激素。在胚胎发育时期曝露在过量睾丸素下的女孩往往会比其他女孩表现出更多淘气的游戏行为[103]，并且她们的职业偏好也类似于男性，更对事物而非人感兴趣[104]。总而言之，在子宫曝露在更多睾丸素的儿童会表现出更典型的男性心理模式，包括较少的眼神接触、较差的语言技能和较少的同理心[105]。其他个案研究追踪了那些出生时没有阴茎而被当作女孩抚养的男孩[106]。尽管他们穿上裙子，被当作女孩对待，但是大多数人还是会参与典型的男性游戏，并且最终认同自己的男性身份，但大多数情况下伴随着一些情感上的痛苦。

攻击行为的性别差异似乎也受睾丸素的影响。给动物注射睾丸素会提高其攻击性。有暴力倾向的男性罪犯体内的睾丸素往往高于正常水平，美国职业橄榄球大联盟的运动员和狂欢兄弟会的成员也是如此[107]。此外，人类和猴子攻击行为的性别差异在生命早期就表现出来了（在文化发生影响之前），并且在成年后随着睾丸素水平的下降而减弱。当然这些证据都不是结论性的。总体来讲，这些证据让许多学者确信性激素确实有影响。但正如我们将要看到的，文化同样如此。

文化与性别

如前所述，文化由大型群体共同拥有并代代相传——如思想、态度、行为和传统。与生物一样，文化也具有多样性，存在资源竞争，因此会随着时间而演变[108]。马库斯和康纳[109]提出，文化经由“文化周期”而演变：“首先，人们先创造了文化，随后再适应这种文化；其次，文化会塑造人们的行为，以此延续文化。”人类是由文化塑造的文化塑造者。

在有关男女两性恰当行为的观念上，我们可以看到文化的塑造力，当人们违反这些社会期望时就会遭到文化的谴责[110]。在世界各国，女孩会花更多的时间做家务和照顾孩子，而男孩则把更多的时间花在自由自在地玩游戏上[111]。即使在当代北美的双职工家庭中，也是男性完成家里大部分的修理工作，而女性负责照看孩子[112]。此类对男女行为的期望——谁应该做饭、刷碗、玩狩猎游戏以及领导公司和国家——限定了**性别角色**（gender role）。

那么，究竟是文化建构了这些性别角色，还是性别角色只是反映了男女的自然行为倾向？不同文化和时代的性别角色的多样性表明，文化确实有助于性别角色的建构。

与文化和时代俱变的性别角色

尽管性别角色存在不平等，但是全球大多数的人们还是期望看到男女角色更加平等。皮尤全球态度调查[113]向25 000人提了一个问题："配偶双方都外出工作、共同照顾孩子，或者丈夫外出工作养家而妻子待在家里照顾孩子，这两种生活哪一种更令人满意？"22个国家中有21个国家的大多数人都选择前者。

但是，国家之间的差异很大。巴基斯坦人不同意世界多数人观点的比例达到4:1，而西班牙人同意的比例则高达13:1。如果工作机会稀缺，男性是否应该优先获得工作？在英国、西班牙和美国，1/8的人回答"是"，在印度尼西亚、巴基斯坦和尼日利亚则为4/5[114]。

在刚刚过去的半个世纪中——历史长河的一小段——性别角

“我在你这个年纪时，一切都按部就班，有律可循。”

与过去相比，现代文化中很多事物（包括性别角色）都已今非昔比。

色发生了巨大的变化。1938 年，只有 1/5 的美国人支持“已婚女性可以去工作挣钱，即使她的丈夫有能力养家”。到 1996 年，4/5 的人都赞同这种观点[115]。20 世纪 70 年代末，59% 的美国十二年级学生赞同“如果母亲外出工作，她还未上学的孩子可能会受苦”这一说法，但是到了 2013 年，仅有 21% 的人同意该说法[116]。20 世纪 60 和 70 年代，美国图书中使用的男性人称代词是女性的 4 倍，而到了 2008 年降到了 2 倍[117]。

这一态度的转变伴随着行为的变化。1965 年，哈佛商学院还从未给女性颁发过学位，到了 2016 年，教室里 41% 的学生都是女性。从 1960 年到 2014 年，美国医学院的女生比例由 6% 上升到 47%，法学院则从 3% 上升到 47%[118]。

20 世纪 60 年代中期，美国已婚妇女在家务上花的时间是她们丈夫的 7 倍[119]。到 2013 年，尽管性别差异已有所减小，但仍然存在：19% 的男性和 49% 的女性平时都做家务，女性每天花在家务上的平均时间为 2.6 小时，男性则为 2.1 小时[120]。2011 年，母亲照料孩子的时间仍然是父亲的 2 倍，有酬工作的时间是 1965 年的 3 倍，但仍然只有男性工作时间的一半左右[121]。

许多文化都出现了男女更为平等的趋势——例如，大多数国家的议会中女性越来越多[122]。在如此短的时间内，在不同的文化之间，就有这么大的变化，说明演化和生物性并不能固化性别角色，时间对性别角色也会有影响。

结语：生物因素与文化因素

我们不必把演化和文化看作对立的双方。文化规范对我们的态度和行为有着微妙而强大的影响，但是文化规范并不能独立于生物因素而起作用。所有的社会和心理因素归根结底仍具有生物性。如果他人的期望能影响我们，那这其实也是我们生物程序的一部分。此外，我们人类生物遗传所启动的过程，文化能使之得以增强。基因和激素预先设定男性比女性更加具有身体攻击性，而文化则通过规范期望男性坚强刚毅、女性温柔友善来增大这种差异。

生物和文化因素也可能发生**相互作用**（interaction）。遗传科学的进展表明，经验能利用基因来改变大脑[123]。环境刺激能激活产生新的脑细胞分支受体的基因。视觉经验能激活形成大脑视觉区的基因，父母的爱抚能激活帮助后代应对未来压力事件的基因。基因表达并非一成不变，而会根据我们的经验适应性地做出反应。

当生物特性影响个体对环境的反应方式时，生物因素和经验因素也会发生相互作用。男性比女性高 8%，肌肉重量与体重的比例几乎为女性的 2 倍，因此他们的人生体验必然不同于女性。或者想想这样一条非常严格的文化规范：男性应该比他们的女性伴侣高。在一项研究中，美国的 720 对已婚夫妻中只有 1 对不符合上述规范[124]。依据后见之明，我们可以推测心理学的解释：也许身高优势有利于男性延续他们超越女性的社会权力。但是我们同样可以推测这一文化规范背后的演化智慧：如果人们都偏好与自己相同身高的伴侣，那么高大的男性和矮小的女性往往就找不到伴侣了。事实上，演化导致男性一般比女性高，文化也对夫妻做出了类似的规定。所以，选择伴侣的身高规范可能是生物因素和文化因素共同作用的结果。

伊格利和伍德[125]提出了生物因素与文化因素相互作用的理论（图 2-2）。他们认为，许多因素，包括生物影响和儿童期的社会化，预先安排了男女两性不同的劳动分工。成年以后，直接影

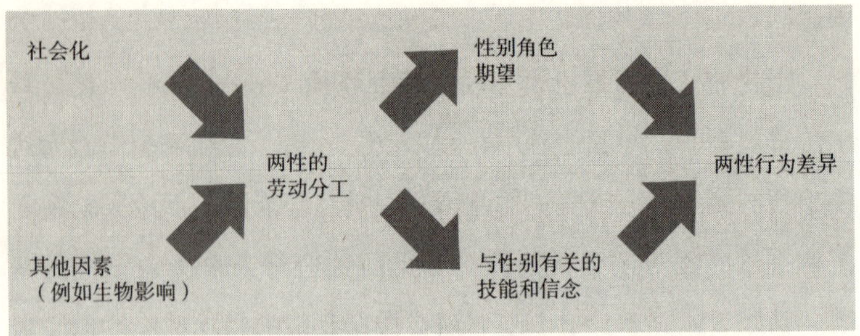

图 2–2　社会行为性别差异的社会角色理论。各种影响因素（包括童年经历和因素）使得男女两性向不同的角色发展。正是与这些不同角色有关的期望、技能和信念影响了男女两性的行为。[126]

响社会行为性别差异的是角色，角色反映了两性的劳动分工。男性由于生理上先天的力量和速度，一般更适合需要重体力的角色。而女性由于先天的分娩和哺乳能力，更适合抚育者的角色。于是男女两性就会各自倾向表现出那些符合角色期望的行为，并相应地塑造自己的技能和信念。天性和教养是一张“彼此交织的网”。随着角色分工变得更为平等，伊格利预测性别差异“将逐渐缩小”。

3

好人是如何变坏的

你一定经历过这样的场面：当一场音乐会结束时，前排的粉丝们起立鼓掌。接着，紧邻粉丝后面赞赏的观众也起立鼓掌。现在，起立鼓掌的浪潮波及后面较冷静的观众，他们也自发地从舒适的座椅上站起来，礼节性地鼓掌喝彩。可是，你还想坐着（“这场音乐会很一般啊”）。但是，当起立鼓掌的浪潮席卷全场时，你还会独自坐着吗？要成为少数与众不同者并不容易。除非你真的非常不喜欢刚才听到的音乐，不然你很可能会随着人群起立，至少暂时应付一下。

从众（conformity）的研究者们构建了微型的社会情境，即实验室微观文化，从而简化并模拟我们日常生活中社会影响的重要特征。让我们先来思考两个经典的系列实验。每一系列的实验都提供了研究从众的一种方法以及某些惊人的结果。

阿施的从众研究

阿施（Asch, 1907—1996）回忆起他少年时代参加传统的犹太教逾越节家宴的情形：

> 我问坐在身旁的叔叔为什么要开着门。他回答："先知以利亚今晚会造访每个犹太家庭，从特意为他准备的杯子里呷一口葡萄酒。"
>
> 我对此感到很惊讶，又问："他真的会来吗？他真的会呷一口酒吗？"
>
> 叔叔说："如果你仔细地盯着，当门被推开时，你会看到——你注意杯子——你真的会看到酒少了一些。"
>
> 果然如此。我的眼睛盯着葡萄酒杯，下决心看看是否有变化。对我来说好像……酒杯边缘确实发生了变化，酒真的少了一点点儿[1]。

数年以后，社会心理学家阿施在实验室里重演了孩提时代的这段经历。假设你参加阿施的实验，坐在一排 7 个人的第 6 个位置。实验者告诉你这是一个知觉判断实验，然后要求你判断，

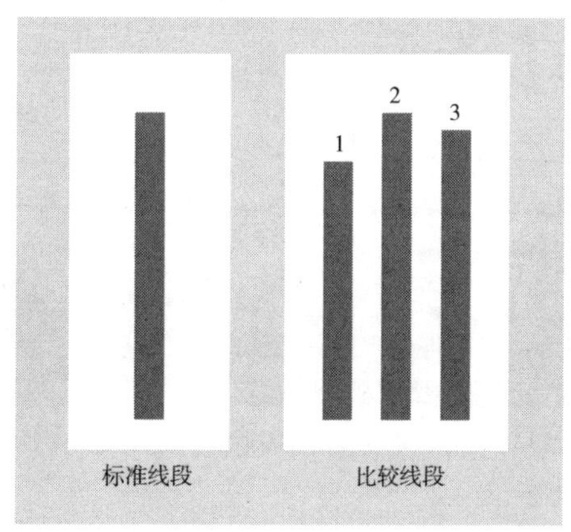

图 3–1　所罗门·阿施的从众实验所使用的图片样例。参与者要判断 3 条线段中哪一条与标准线段一样长。

图 3-1 中 3 条线段哪一条与标准线段等长。你很容易就可以看出是线段 2。所以，当你前面 5 个人都说“线段 2”时，你丝毫不感到奇怪。

下一次的比较同样简单，你觉得这是个简单的测试。但第三次判断却令你大吃一惊。尽管正确的答案似乎显而易见，但第一个人答错了。当第二个人也给出了同样的错误回答时，你在椅子上坐直了，使劲盯着卡片。第三个人也同意前面两人的回答。你目瞪口呆，浑身开始冒汗。“怎么回事？”你问自己，“是他们瞎了，还是我瞎了？”第四、第五个人也同意前面几个人的回答。接着，实验者看着你。现在，你面临着认识论上的两难困境：“哪

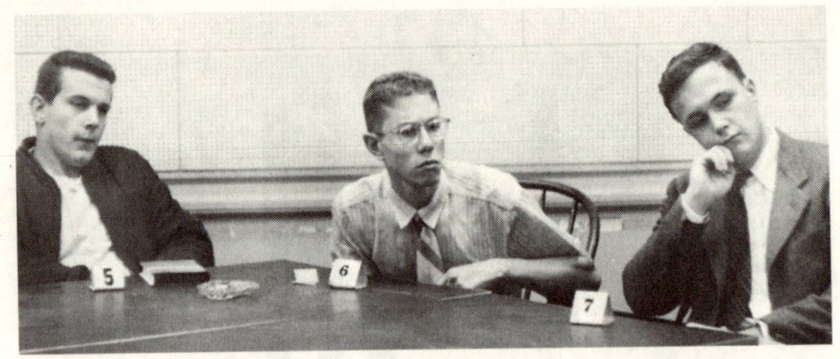

在阿施的从众实验里，第6个参与者在听到前面5个参与者给出的错误答案后，内心经历着不安与冲突。

个才是正确的答案？是同伴告诉我的正确呢，还是我的眼睛告诉我的正确呢？”

很多大学生在阿施的实验中都体验到这种冲突。控制组的大学生单独回答时正确率超过 99%。阿施想知道：如果经过研究者训练的研究助手给出一致的错误答案，那么受其影响的大学生是否会给出违心的错误答案呢？尽管有些人从来不从众，但四分之三的人至少有过一次从众行为。总共有 37% 的回答是从众的（或者应该说“相信他人”）。

当然，这也意味着 63% 的回答没有从众。霍奇斯和盖耶[2]注意到，这些实验表明“即使其他人不说实话，大多数人仍会说实话”。尽管很多参与者表现出独立精神，但阿施[3]对从众的态度就像其研究所问问题的答案一样清楚：“看上去聪明善良的年轻人却愿意颠倒黑白，这的确令人担忧。我们不得不质疑我们的教育体制以及指导我们行为的价值观。”

阿施的实验是在 20 世纪 50 年代进行的，这一年代通常被认为是美国文化高度从众的时期。果然，到了个人主义浓厚的 20 世纪 70 和 80 年代，只有较少的学生会在类似于阿施实验的研究中遵从群体的判断。此外，集体主义国家的人比个人主义国家的人更愿意从众，在边境州定居的新移民比非边境州的人更不从众，女性比男性更从众[4]。随着近期个人主义文化和男性主义提倡自我的自主性，而悠久的集体主义文化和女性主义鼓励融入群体，如果说文化和性别塑造了从众行为，那么以上的研究结论正是你所预期的结果。然而，甚至精通互联网的现代公民也不能免受从众的影响。罗桑德和埃里克松[5]向互联网用户询问诸如“在哪个城市你能找到好莱坞？”之类的问题，同时还有一张大多数互联网用户认为某处是“旧金山”（其实是洛杉矶）的地图。53% 的人至少在一个问题上同意了“大多数人”的错误答案——虽然低于 20 世纪 50 年代阿施的线段实验中 75% 的从众比例，但从众人数仍然占多数。

阿施的实验程序成为后来许多实验的范式。虽然这些实验缺乏日常从众的“现世实在论”，但具有“实验现实主义”。在这种实验经历中人们变得情绪化。阿施的研究结果之所以令人震惊，是因为参与者没有受到任何明显的从众压力——既无“团队合作”的奖励，也无针对个性化的惩罚。

还有一些实验探索了日常情境中的从众。从花样滑冰到足球，很多运动都需要裁判在观众的嘈杂声中瞬间做出判定。当对方选手貌似犯规时，观众的喧闹声会增大。在对滑冰表演进行评分，或者判断是否对身体碰撞的足球运动员出示黄牌时，观众的喧闹声是否会对裁判造成影响？为了回答这一问题，昂科巴克和美墨尔特[6]调查了德国足球联赛五个赛季的 1 530 场比赛。主场球队平均每场比赛收到 1.89 张黄牌，客场球队则是 2.35 张黄牌。此外，在球场和球迷之间没有跑道间隔的更为吵闹的体育场，主场和客场球队的这种差异会更大。在实验室实验中，专业裁判在对犯规场景的录像进行判断时，如果现场伴有响亮的噪音，他们会出示更多黄牌。

如果在这样小的压力下人们就出现从众行为，那么当他们受到直接强迫时会有多顺从呢？能强迫普通公民做出残忍的行为吗？可能你认为不能：他们的人道主义、民主和个人主义的价值

“当然，提醒你，我跟随大众——并非盲目地服从，而是发自内心地对社区观念的持久尊重和敬仰。”

观会使他们抗拒这种压力。此外，这些实验中轻松的口头表态与实际伤害他人的行为还相距遥远，我们决不会屈服于胁迫而伤害他人。我们真的不会吗？社会心理学家斯坦利·米尔格拉姆（Stanley Milgram）很想知道这一问题的答案。

米尔格拉姆的服从研究

米尔格拉姆[7]的一系列实验——“科学心理学历史上最著名，或者说声誉扫地的研究”[8]——考察了人们在权威的命令与良知的要求相互冲突时的行为。李·罗斯[9]如此评论道：“若要论社会科学历史上实证研究的贡献，米尔格拉姆的服从研究可能首屈一指，是人类社会共同的智慧遗产（如历史事件、圣经寓言和古典文学）的一部分，伟大的思想家在探讨人类本性和思考人类历史时可以信手拈来，有如天成。”

米尔格拉姆这位颇有创造力的艺术家创作了故事和剧本，还通过试误的预测验来打磨这出戏剧，以获得最佳效果[10]。下面是他设计的场景：两个人来到耶鲁大学心理学实验室参加一项学习和记忆的研究。实验者穿着白大褂，严肃地解释说，本实验是一项考察惩罚对学习影响的开拓性研究。实验要求其中一人（“教师”）教另一人（“学习者”）学习一长串配对出现的单词，如果记忆错误，就要进行惩罚，给“学习者”施加逐渐增强的电击。

为了分配角色，他们要从帽子里抽签。其中一人是性情温和的47岁的会计师，他实际上是研究助手，假装说自己抽到的签是"学习者"，并被领进隔壁房间。另一人是看到报纸广告后应征的志愿者，被安排担当"教师"的角色。"教师"在体验一次轻微的电击后，看着研究者把"学习者"绑在椅子上，并在其手腕上缚上电极。

然后，"教师"和实验者回到主房间。"教师"坐在电击启动器前，该仪器上有一排开关，每个开关电压相差15伏，从15伏一直到450伏。开关上写着"轻微电击""强电击""危险：高强电击"，等等。在435伏和450伏的开关下有"高危致命"(XXX)的标志。学习者每答错一次，实验者就告诉"教师"："在电击启动器上提高一级实施电击。"每次只要轻按开关，灯光就会闪烁，继电器开关随之"咔嗒"一声响，电蜂鸣器就会嗡嗡地响起来。

如果"教师"服从了实验者的要求，那么，他会在75、90和105伏时听到学习者的哼哼声。在120伏时学习者大喊电击太疼了。在150伏时学习者咆哮着："实验者，把我从这里弄出去！我不再参加这个实验了！我拒绝继续做下去！"在270伏时学习者的抗议声成了痛苦的尖叫声，并坚持要出去。在300伏和315伏处，他尖叫着拒绝回答。330伏后他不再发出声音。实验者在"教师"询问和恳求停止实验时说，学习者不回答就被视为回答错误。为了让"教师"继续实验，实验者采用了四种口头催促的句子：

句子 1：请继续下去（或请继续）。

句子 2：本实验要求你继续进行下去。

句子 3：你继续进行下去是绝对必须的。

句子 4：你没有其他选择，必须进行下去。

你会进行到什么程度？米尔格拉姆向精神病学家、大学生和中产阶层等 110 人描述了这项研究。三个群体的人都认为自己会在 135 伏左右时不服从命令，没人认为自己会进行到 300 伏以上。考虑到自我估计可能会受到自我服务偏差的影响，米尔格拉姆要求他们估计其他人会进行到什么程度。基本上没有一个人预期任何一个人会用到电击仪板上的“高危致命”（XXX）级别。（精神病学家估计大约 1 000 人中会有 1 人这样做。）

然而，当米尔格拉姆对 40 名男性（20~50 岁，职业各异）进行这项研究时，有 26 人（65%）一直进行到 450 伏。换句话说，他们听从了命令去伤害他人——正如纳粹士兵所做的一样。中途停止电击的人一般在 150 伏停下来，因为此时学习者的抗议声听上去更为急迫[11]。

我们想知道今天的人们会不会同样如此服从，伯格[12]重复了米尔格拉姆的研究，尽管最高只有 150 伏。结果表明：在 150 伏的时候，70% 的参与者仍然会服从，这一数字比米尔格拉姆的研究结果略低。（在米尔格拉姆的研究中，大部分在 150 伏仍然服从的参与者会继续到最后。事实上，所有达到 450 伏的参与者都会服从指令一直继续实验，直到另外两次试验之后实验者喊停为止。）不过，伯格的参与者比米尔格拉姆的更多样化——例如，米尔格拉姆的研究最初的参与者全都是男性，而伯格的研究有一半参与者是女性。对比 1962 年米尔格拉姆的研究和 2006 年伯格的研究中男性参与者，在 150 伏服从的人数比例从 83% 降到了 67%。也就是说，虽然当代男性不服从的比例几乎是之前男性的 2 倍（33% 对比 18%），但很多男性仍然会服从。文化向更加个人主义的转变可能减少了服从行为，但远没有消除它。即使在 54 年后，米尔格拉姆的服从范式效度依旧——只是稍弱了点[13]。

米尔格拉姆原本估计**服从**（obedience）率会很低，但研究结果却令他颇为不安[14]。他决定将学习者的抗议设计得更加令人动容。当在椅子上捆绑学习者时，“教师”会听到学习者说他“有轻微的心脏病”，并听到实验者再次保证“尽管电击可能很疼，但不会对人体造成永久性的伤害”。结果发现，学习者痛苦的抗议声并没起多大作用，该研究的 40 名男性参与者中有 25 人（63%）完全服从了研究者（图 3-2）。后来 10 项包括女性参与者的研究发现，女性服从的比例与男性相近[15]。

值得注意的是，米尔格拉姆的参与者并非不假思索地服从实验者的命令，几乎所有的人都停下来了，并表达对学习者的关心，但这时实验者会催促他们继续实验（“你没有其他选择，必须进行下去”）。很多参与者曾反复多次地与实验者争论。因此，有人认为，米尔格拉姆的研究所体现的并不只是单纯的服从（服从一

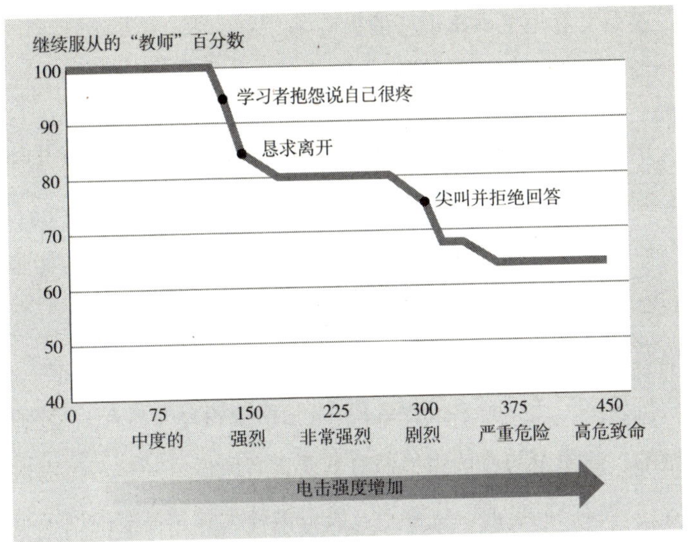

图 3-2 米尔格拉姆的服从研究。尽管学习者大声抗议或不做回应，仍有一定比例的参与者（“教师”）服从了。[16]

个直接的命令)，它还挑战了参与者的控制感。事实上，很多参与者在声称他们确实有选择权以决定是否继续实验之后，就停了下来[17]。

此外，伯格[18]注意到，米尔格拉姆的研究结果并不像其最初看似的那般奇怪。他认为，米尔格拉姆研究设计的 4 个特点反映了一些证据充分的心理学效应：

- 小请求逐渐升级为大请求的“滑坡效应”；
- 在研究情境下，将给予电击作为一种社会规范的框架效应；

- 参与者有拒绝承担责任的机会；
- 参与者思考这个决定的时间有限。

米尔格拉姆的研究和其他一些服从研究都具有以上这几个特点，它们增强了参与者的服从行为。

研究参与者的服从让米尔格拉姆忧心忡忡。他所用的实验程序也让许多社会心理学家不安[19]。这些研究中的“学习者”实际上没有受到任何电击（“学习者”离开了电椅，打开磁带录音机，播放抗议声）。然而，有批评者说，米尔格拉姆对参与者（“教师”）所做的，就像参与者认为他们对其受害者所做的一样：他强迫参与者违背自己的意愿。实际上，就像纳粹大屠杀早期的刽子手一样[20]，许多“教师”确实体验到了极度的痛苦。他们流汗、颤抖、紧咬嘴唇、说话结巴、痛苦呻吟，甚至爆发出失控的神经质般的大笑。一位《纽约时报》的评论者控诉说：“该研究对不知情的参与者所实施的残忍行为，只会引发参与者施加更残忍的行为”[21]。

批评者也认为，参与者的自我概念可能会因此而改变。一位参与者的妻子对他说：“你可以称你自己为艾希曼（指纳粹死亡集中营的执行官阿道夫·艾希曼）了。”哥伦比亚广播公司（CBS）用一部两小时的戏剧描述了该研究的结果及其引发的争论。为该节目做广告的《电视导报》评论[22]：“罪恶的世界是如此恐怖，迄今为止还没有人敢于戳穿其秘密！”

在为自己辩护时，米尔格拉姆指出他对 1 000 多名不同类型的参与者所做的近 20 项研究获得了重要的经验教训。他也引用了参与者支持自己的一些评论，这些评论是在向参与者解释了实验目的和披露了欺骗程序之后做出的。随后的调查发现，84% 的参与者说他们很高兴参加实验，只有 1% 的人表示后悔。一年以后，一位精神病学家对 40 名痛苦体验最为强烈的参与者进行了访谈，结论是：虽然有短暂的应激反应，但没有人受到伤害。

米尔格拉姆认为，有关服从实验的伦理争议是“极其夸大”的：

> 与大学生参加一门普通课程的考试，但没有得到想要的成绩相比，服从实验对参与者自尊的负面影响要小得多……我们似乎对考试失败导致的应激、紧张和自尊降低的结果已有相当的心理准备，而对于新知识的产生过程，我们却没有表现出一丁点儿宽容[23]。

有人也指出，虽然米尔格拉姆将他的一系列研究称为实验研究，但因为这些研究中都没有控制组，所以并不是真的实验。

导致服从的因素

米尔格拉姆不仅揭示出人们会服从权威，他还考察了服从产生的条件。在进一步的研究中，他改变了各种社会条件，得到了从 0~93% 的完全服从率。结果发现，有四种因素会导致服从，即与受害者的情感距离、权威的临近性与正当性、机构的权威性和群体不服从的同伴的释放效应。

与受害者的情感距离

米尔格拉姆研究的参与者在无法看到“学习者”（“学习者”也无法看到他们）时，服从程度最大，对“学习者”的同情最少。当“教师”远离受害者，听不到受害者的抗议声时，几乎所有“教师”都冷静地服从，直至实验结束。与实验者的影响相比，这类情境把学习者对参与者的影响减到最小。但是，如果我们使学习者的恳求与研究者的命令一样显而易见，将会出现什么情况呢？当学习者与参与者及实验者在同一房间时，“只有”40% 的参与者服从命令把实验进行到 450 伏。当要求教师把学习者的手强制按在电击板上时，完全服从的比例下降到 30%，但这个比例依然让人震惊。一个米尔格拉姆的重复实验的参与者在电脑屏幕上能看见或看不见录像中的演员，并且两种条件下参与者都知道演员正在假装痛苦。结果再次显示，当参与者能看到受害者时，服从大为减少[24]。

在日常生活中也同样如此，我们很容易谩骂那些与自己无关或消除人性的人。在互联网论坛对匿名者发表评论时，那些从未当面伤害过他人的人也可能对他人恶言相加。纵观历史，刽子手常常用布蒙住受刑者的头，使其去人性化。战争伦理允许士兵从 1 万多米的高空对手无寸铁的村民投掷炸弹，但不允许对他们开

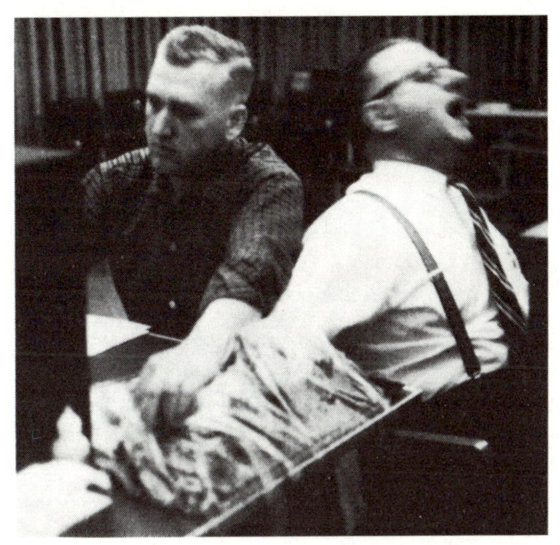

在米尔格拉姆“接触”条件下的一位服从的“教师”，强制性地把学习者的手按在电击板上。然而，“教师”对于这么靠近自己的学习者通常表现得比较仁慈。

枪射击。在与敌人进行近距离肉搏时，许多士兵既不开枪，也不瞄准。对那些接到命令以远距离火炮或飞机进行杀戮的军人来说，这种违抗军令的行为是罕见的[25]。甚至核战争也是如此。近年来，随着无人飞机被用来投掷炸弹，控制者与受害者之间的距离进一步拉大，他们坐在距离破坏和死亡现场千里之外的控制台就可以完成操作。

从积极的一面讲，人们对于个性化的人最有同情心。这就是人们在替胎儿、饥民或动物权利进行呼吁时，总是用令人感动的照片或描述来赋予其人性化的原因。研究者莱登和邓克尔－舍特尔[26]曾经问过准妈妈们，结果发现，当她们看到自己胎儿的身体在超声波图像上清楚地显现时，她们对胎儿表现出更多的爱心。

权威的临近性与正当性

实验者亲临现场也会影响服从。当米尔格拉姆的实验者通过电话下达命令时，完全服从的比例下降到了 21%（虽然许多人撒谎并且说自己听从了命令）。其他研究也证实，发出命令的人身体上的临近性会增加服从率。轻微碰触一下手臂，会使人更有可能捐一个硬币，在请愿书上签名，或者品尝新的比萨饼[27]。

但是，权威必须被视为是正当合理的。在米尔格拉姆基本研究的另一变式中，研究者接到一个提前安排好的电话，要他离开实验室。研究者说，仪器可以自动记录数据，所以“教师”可以继续做实验。研究者离开后，另一个人代替研究者（实际上是另一个研究助手）发布命令。该助手“决定”每答错一次就应增强一级电击，并以此来指导“教师”。在这种情况下，80% 的“教师”拒绝完全服从。助手假装厌恶这种违抗，并亲自坐在电击启动器前，试图代替“教师”实施电击。这时，大多数不满的参与者发出了抗议。一些人还试图拔下启动器的插头。一个高大的男子把忙着做实验的助手从椅子里拽起来，并把他推出房间。参与者对不正当权威的反叛与之前在实验者面前常常表现出来的顺从和礼貌形成了鲜明的对照。

在一项研究中，医院的护士们接到一位陌生医生的电话，让她们给病人服用明显过量的药物[28]。研究者把这个实验讲给一群护士和学护理的学生听，问她们会如何反应。几乎所有人都说自己不会服从命令。然而，当另外 22 名护士在接到医生给病人过量服药的电话命令后，只有一人例外，其余的护士都毫不犹豫地服从了（直至在去给病人药物的路上被拦截）。虽然并非所有护士都如此顺从[29]，但是，这些护士都是循规蹈矩的：医生（正当的权威）命令，护士服从。

在“直肠耳朵疼”这一奇怪的案例中，我们可明显看到个体对正当权威的服从[30]。医生要求给右耳感染的病人耳朵里滴药。在处方上，医生把“滴入右耳（place in right ear）”缩写成了“滴入屁股（place in R ear）”。看了医生的处方后，顺从的护士把指定剂量的药液滴入了顺从的病人的直肠里。

机构的权威性

如果权威的声望如此重要，那么耶鲁大学的机构声望也可能使米尔格拉姆实验的命令变得正当了。在实验后的访谈中，许多参与者说如果不是耶鲁大学的名声，他们不会服从。为了考察是否果真如此，米尔格拉姆把研究地点移到了不太有名的康涅狄格州的布里奇波特市。他在一座并不豪华的商务大楼里成立了“布里奇波特研究会”。然后由同一批实验操作人员实施那项“学习者有心脏病”的研究，你猜完全服从的比例是多少？虽然服从率（48%）仍然较高，但明显低于耶鲁大学的63%。法国近期的一项研究重复了米尔格拉姆的研究范式，该研究下达电击命令的是一名电视游戏节目主持人，而不是身着白大褂的实验者，结果81%的人完全服从至结束[31]。

群体影响的释放效应

这些经典实验带给我们的从众印象都是消极的。但是，从众也可以是建设性的。社会心理学家菲斯克、哈里斯和卡迪[32]指出，在“9・11事件”中，冲进世贸大厦熊熊大火中的消防员是“非常勇敢”的，但他们同时也是“部分地出于服从上级命令，部分地出于服从非同寻常的集体忠诚”。同时，还要考虑从众偶尔具有的释放效应。也许你会想起，过去你面对不公正的教师，完全有理由指责他，你还是犹豫了。后来有一两位同学指出不公平的事实后，你也跟着他们一起指责，这就是释放效应。米尔格拉姆也观察到了从众的这种释放效应，他让“教师”和两个助手“教师”一起实验。在实验过程中，两个助手“教师”都公然反抗了实验者，然后实验者命令那个真正的参与者（“教师”）独自继续实验。参与者会吗？不会。通过模仿反抗的助手，90%的参与者释放了自己。

对经典研究的反思

对米尔格拉姆研究结果的普遍反应是：大家意识到这与近代世界史有异曲同工之处，正如纳粹德国的阿道夫·艾希曼辩解说："我当时只是在执行命令。"美国威廉·卡利中尉在1968年指挥了一场无谓的大屠杀，在越南米莱村杀死了数百名无辜平民后也是这样辩解的；发生在伊拉克、卢旺达的"种族大屠杀"也都这样辩解。

军方训练士兵服从上级。米莱大屠杀中的一位参与者曾回忆：

> （卡利中尉）命令我开始射击。于是我就开枪。我向人群发射了四个弹夹的子弹……他们乞求着："不要，不要。"母亲紧紧护着孩子……我们一直不停地射击。他们挥动着手，乞求着[33]。

服从实验中"安全"的科研环境毕竟不同于战争。而且战争和种族屠杀的大部分恶行和残暴程度远远超出了服从[34]。

服从研究在社会压力的强度上也与其他从众研究不同：服从研究的命令非常明确。但是，阿施和米尔格拉姆的研究也有四个相似之处：

- 两者都表明，对他人的顺从是如何战胜道德感的；
- 就强制人们违背自己的良知而言，它们都成功了；

- 它们提醒我们注意自己生活中的道德冲突；
- 它们证实了两个为人熟知的社会心理学原理：行为与态度之间的联系以及情境的力量。

行为和态度

当外界的影响超过了内在的信念时，态度便无法决定行为。这些实验生动地阐释了这一点。单独回答时，阿施实验的参与者们几乎总能给出正确的答案。而当个体单独反对群体意见时，就是另一码事了。

在服从实验中，强大的社会压力（实验者的命令）超越了力量较弱的社会压力（远处受害者的恳求）。“教师”在受害者的恳求和研究者的命令之间，以及在希望避免造成伤害和成为合格的参与者之间挣扎，最终选择服从的人数多得惊人。

为什么参与者无法摆脱这种压力？想象一下你扮演“教师”来参加另一个版本的米尔格拉姆实验，一个他从来没做过的实验。假设当学习者第一次答错时，实验者要求你按 330 伏的按钮电击他。在按了按钮后，你听到学习者发出了痛苦的尖叫声，诉说自己心脏不好，乞求怜悯。你会继续做下去吗？

我想不会。米尔格拉姆的研究中，“教师”最初实施的惩罚是轻微的——15 伏——并没有引发抗议。当电击达到 75 伏，并听到学习者第一次呻吟时，他们已经服从 5 次了。而接下来的一次，实验者只要求“教师”实施比先前略微强一点的电击而已。在他们实施 330 伏电击时，已经是第 22 次服从了，“教师”已经减少了一些认知失调感。因此，他们的心态与在 330 伏时开始实验的“教师”的心态完全不同。外在行为和内在心理倾向可以彼此助长，有时还会螺旋式上升。因此，米尔格拉姆的报告说[35]：

> 许多参与者会严厉地贬低受害者，这也是“迫害”受害者所导致的后果。诸如“他非常愚蠢和固执，就应该被电击”之类的言论很常见。一旦电击了学习者，这些“教师”会认为有必要将学习者视为毫无价值的个体，由于学习者的智力或性格有缺陷，对他实施惩罚也是不可避免的。

20 世纪 70 年代初，希腊的军政府就是利用这种“谴责受害者”的方法来训练拷问官[36]。正如纳粹德国对党卫军官的早期训练一样，军方根据候选者对权威的尊重和顺从来选择拷问官。但仅有这些特点还不能任命为拷问官。于是军方就先安排受训者去看守囚犯，接着参加搜捕队，然后殴打囚犯，之后观看整个拷问过程，最后才亲自动手拷问。就这样一步步地把一个服从但其他方面仍正直的个体逐渐变成了施暴的机器。顺从滋生了接纳。如果只关注施以 450 伏的电击惩罚这一最终结果，我们会震惊于这一残忍的暴行。但如果思考参与者是如何一步步走到最后的，我们就能理解其中的道理所在。

美国马萨诸塞大学的社会心理学家欧文·斯托布（Ervin

Staub）是大屠杀的幸存者，他非常了解这种把公民转变为刽子手的力量。根据他对世界各地种族大屠杀的研究，斯托布[37]揭示了逐渐增加的攻击行为最终会走向何处。通常，批评会引发轻视，轻视则会引发迫害行为，而当迫害合理化后就会导致暴行，接着便是杀戮，然后是大规模的屠杀。态度随着行动不断变化，又使行动合理化。据此，斯托布得出了令人不安的结论："人类竟能觉得屠杀他人的行为没什么稀奇的"[38]。

但人类还具有英雄主义的品质。在纳粹大屠杀期间，法国一个小村庄勒尚邦（Le Chambon）保护了5 000名犹太人和其他难民，他们本应被驱逐出境，押往德国。村民绝大多数是新教徒，牧师作为村里的权威人物，教导他们"无论何时，只要敌人要求我们服从的命令有违福音的训诫，我们就要反抗"[39]。纳粹军方要他们交出犹太难民，村里的牧师树立了不服从的榜样："我不知道什么犹太人，我只知道人类。"他们并不知道战争会有多么可怕，从1940年开始一直坚持最初的承诺，在信仰的支持下，在权威的支持下，在互相支持下，一直对抗到1944年村子获得解放。我们到处可以看到，对纳粹统治的反抗很早就已出现了。他们最初的助人行为强化了承诺，而承诺又引发了更多的助人行为。

社会规范的力量

设想你要违反一些微小的社会规范：如在教室听课时突然起

立，在餐馆里大声唱歌，或者穿西装打高尔夫球。在试图打破这些社会约束时，我们才突然意识到它们是多么强大。

在一个宾夕法尼亚州立大学的实验中，参与实验的大学生发现即使在被完全激怒的情况下，也很难违反“友善待人”而非直接对抗的社会规范。让大学生假设自己要与另外三个人讨论，挑选其中一人到荒岛去生活。研究者要求他们想象其中一位男生，说了三句带有性别歧视的话，例如：“我想岛上需要有更多的女人，以便使男人更满意。”实验参与者对这种性别歧视的话会怎样反应呢？只有 5% 的人估计自己会无视这种言论，或者等着看看其他人的反应。但是，其他一些学生听到男助手说出这些话时，55%（而不是 5%）的人什么也没说[40]。同样，尽管人们预测自己看到别人有种族歧视的行为时会反感，比如在实验中避免与该种族主义者为伍，但实际情况是，人们碰到这类事件通常无动于衷[41]。这些实验证实了社会规范所具有的力量，以及要预测行为是多么困难，甚至是我们自己的行为。

2011 年，宾夕法尼亚州某大学足球教练性虐男童事件曝光后，其他令人尊敬的足球教练和大学官员们会作何反应？（据报道，其他教练确实向上级递交了报告，但却允许施虐者继续留在学校。）这很具讽刺意味，认为“社会规范具有压力”的人在该问题的公开辩论中显得理屈词穷。评论者们义愤填膺，他们原本以为自己对此事的反应会更强烈。这些实验提醒我们，在假设情境中“说”往往比在实际情境中“做”容易得多，正所谓知易行难。

米尔格拉姆的研究也引发了人们对恶行的思考。在恐怖电影和悬疑小说中，恶行是由少数邪恶的坏蛋或冷血杀手所为。在现实世界中，我们能想到的是希特勒对犹太人的种族屠杀，或者本·拉登所密谋的恐怖事件，等等。但是，恶行也会由社会因素——促使所有人变坏的强大社会情境——所引发。美国军警在阿布格拉布监狱虐待伊拉克囚犯的事件震惊了全世界，这些警察当时承受着很大的压力，被自己救过的人辱骂，因同伴的死而愤怒，回家的时间被推迟以及处于松懈的管制之下——引发邪恶行为的邪恶情境[42]。社会情境有时会诱使普通人屈从于暴行。

正如在复杂的人类社会中经常发生的，最可怕的恶行常常是从一系列的小恶行发展而来的，这种情况下情境尤其有影响力。德国公务员愿意处理大屠杀的文件，这使纳粹头子非常惊讶。当然，他们并没有屠杀犹太人，只是在整理文档[43]。当大家分散工作，各司其职，恶行似乎更易进行。米尔格拉姆对恶行的分工合作进行了研究，他让另外 40 个人更为间接地参与实验。他们只负责实施学习测验，而其他人实施电击。结果发现 40 人里有 37 个人完全服从了。

日常生活也是如此，陷入邪恶的道路通常是一点点增加的，尽管我们并没有故意作恶。拖延涉及类似的无意识过程，会造成自我伤害[44]。某个学生知道期末论文的最后期限就要到了，可他每次写论文时都分心——一会儿玩视频游戏，一会儿看电视——这看起来害处不太大。但是，渐渐地，这个学生根本就无法完成论文了，他甚至意识不到自己实际上已经决定不写论文了。

人们很可能认为，艾希曼和奥斯威辛死亡集中营的军官们都是野蛮的恶棍。实际上，他们的邪恶是受到了恶毒的反犹太主义的鼓动。单凭社会情境并不能解释为什么在同一街区或死亡集中营，有些人表现出极端的残忍，也有人却表现出英雄主义的仁慈。同样，纳粹军官站在我们面前时，未必就像怪物一样恐怖。在一天辛苦的工作后，这些军官会倾听贝多芬和舒伯特的音乐来放松。在制定纳粹大屠杀最后方案的 14 个人中，有 8 个人曾获得欧洲大学博士学位[45]。像大多数纳粹分子一样，艾希曼本人表面上和正常工作的普通人没什么两样[46]。“9·11”袭击的主谋阿塔，有报道说他曾是一个“好孩子”，是良好家庭出身的优秀学生。“9·11”袭击的第 20 个嫌疑犯穆索伊在申请飞行课程和购买刀具时，十分有礼貌。他称呼妇女为“女士”。据说第二架撞向世贸中心大楼飞机的飞行员是一个和蔼可亲、生活悠闲的家伙，很像驾驶飞机撞向五角大楼的飞行员，“聪明、友好而且彬彬有礼”。如果这些人住在我们隔壁，他们与我们脑海中恶棍的形象完全不符。他们也是“普通”人[47]。

米尔格拉姆[48]指出：“我们研究的最基本的结论是，普通人即使心中没有任何仇恨，只是做自己的本职工作，也可能进行可怕的破坏活动。”正如罗杰斯先生（美国电视节目《罗杰斯先生的邻居》的男主角）常常提醒他的学龄前观众那样：“好人有时也会做坏事。”在邪恶力量的支配下，善良的人们有时也会堕落，他们会对不道德的行为进行道德上的合理化[49]。因此，普通士兵最终可能会服从命令枪杀手无寸铁的平民，受人尊敬的政治领袖可能会带领国民陷入注定失败的战争，普通雇员可能会遵从指示生产和配送有害的劣质产品，普通的群体成员也可能会听从指令残忍地折磨新成员。

4

说服的两条路径

无论是“教育”还是“蛊惑”，**说服**（persuasion）都无处不在。说服在政治、市场营销、求爱、教养、谈判、传教和法庭判决中都处于核心地位。因此，社会心理学家试图理解什么因素会导致态度产生持久的有效变化。哪些因素会影响说服效果？而作为说服者，怎样才能最有效地“教育”别人？

假设你是某企业市场部或者广告部的经理；或者是一名传教士，想在你的教区传播更多爱和仁慈的教义；或者你希望减少气候变化，鼓励母乳喂养，或者帮助某个政治候选人做宣传。为了使你自己和所传达的信息更有说服力，你会怎样做？反过来，如果你不想受到这些诉求的影响，你又该警惕哪些说服策略呢？

说服无处不在。当我们认可它的时候，我们就称之为“教育”。

为了回答这些问题，社会心理学家通常就像地质学家研究侵蚀一样研究说服：运用可控制的简单实验来观察各种因素所起的作用。

两条路径

在选择说服策略时，你首先要确定：应该更关注构建有力的中心论据呢？还是应该把信息与令人喜爱的外周线索（例如性魅力）联系起来从而使其更具吸引力呢？说服研究者佩蒂和卡西奥普[1]以及爱格莱和蔡金[2]发现，说服可能通过中心路径或外周路径来起作用。当人们积极主动，并能思考某个问题时，他们可能会使用**中心路径说服**（central route to persuasion），即关注论据。如果论据有力并让人信服，就能产生说服效果。如果信息包含的论据苍白无力，思维缜密的人就会注意到这些论据缺乏说服力，并进行反驳。

有时论据的强度并不重要。我们并不总有兴趣或能力去仔细思考。如果我们受到干扰或对问题不感兴趣，或者只是太过忙碌，我们可能不会花时间仔细推敲信息内容。此时，我们不会考虑论据是否可信，而会采用**外周路径说服**（peripheral route to persuasion），即关注那些无须太多思考就自动接受的外部线索。精明的广告商会调整广告来迎合消费者。他们这样做有充分的理由。许多消费行为（比如心血来潮决定购买某个牌子的冰激凌）都是在人们未经思索的情况下就发生了[3]。一些很细微的事情都可能影响消费行为，比如听到德国音乐的人更可能购买德国酒，而听到法国音乐的人就可能购买法国酒[4]。户外广告牌和电视广告（在消费者面前往往一闪而过）通常会使用外周路径，以视觉图像作为外周线索。烟草广告总是将香烟与美女及愉悦的形象联系在一起，而不是提供支持人们吸烟的证据。饮料广告也是如此，配上欢乐的人群和有趣的户外活动图片。另一方面，杂志上刊登的处方药广告（感兴趣的理性消费者会花一些时间仔细思考），很少用好莱坞明星或者体育明星来做代言，而是向消费者提供有关药效和副作用的信息。

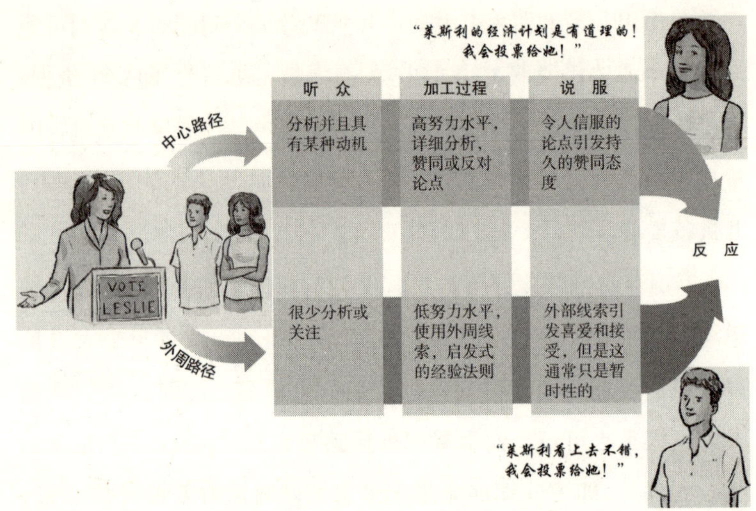

说服的中心路径和外周路径。计算机广告商通常使用中心路径，因为他们认为这些广告的受众会系统地比较各种产品之间性能和价格的差异。而饮料的广告商则使用外周路径，他们仅仅是将自己的产品与魅力、愉快以及好心情联系在一起。中心路径的加工过程更可能引起态度的持久改变。

以上两种说服路径（一种外显、反思，另一种则更内隐、自动）可以说是今日人类心智"双加工"模型的先驱。中心路径通常能迅速改变人们外显的态度。而外周路径则通过将态度与某种情绪反复地关联，更为缓慢地建立内隐的态度[5]。

我们没有时间仔细分析所有的问题，所以经常会采用外周路径，使用一些简单而具有启发性的经验法则，例如"相信专家"或"长信息更可信"[6]。我居住的社区曾经就当地一所医院复杂的所有权问题进行投票。我没有时间也没有兴趣亲自研究这个问题（我需要专心撰写这本书），但我发现，那些投赞成票的居民里既有我喜欢的人，也有专家。于是我便利用了简单的启发式策略（朋友和专家值得信赖），并据此投票。我们还会使用其他一些启发式策略迅速做出判断：如果某个说服者言谈流利，富有魅力，明显出于好意并且论据充分（如果这些论据出处不同效果更好），我们通常会运用简单的外周路径，不假思索地接受这些观点。

近年来，中心路径说服似乎有所减少，很可能是因为广告商们发现，基于情绪的外周说服对各类商品的推销更为有效。在一项研究中，研究者记录了人们观看近期电视广告时的面部表情。结果发现，相比于观众对诸如“你觉得这则广告有多大的说服力”“这则广告与其宣传的品牌联系有多紧密”或者“这则广告是如何传达品牌关键信息的”此类问题的回答，参与者的面部表情（尤其是快乐的表情）能更好地预测产品的销售[7]。让商品卖出去的是情绪而非理性。

说服的要素

社会心理学家研究发现，说服的要素包括以下四个部分：(1)说服者；(2)说服内容；(3)说服渠道以及(4)说服对象。换言之，就是什么人用什么方法将什么信息传递给了谁？

谁在说？说服者

请想象以下情景：美国人怀特是一位中年人，正在收看晚间新闻。电视正在播放一小撮激进分子焚烧美国国旗，其中一人用扩音器高喊："当政府变得越来越令人难以忍受的时候，人民有权改变它或者废除它……这是人民的权利，也是人民的义务，让这样的政府见鬼去吧！"怀特先生很窝火地对他妻子嘟囔："听这些人叫嚣这样的教条真是令人恶心。"接下来，电视上播放一名总统候选人在反税收集会前的演讲中宣称："节约应当成为我们政府开支的指导原则。每一位政府工作人员都应当清醒地意识到，腐败和浪费是非常严重的罪行。"怀特先生对这一言论明显满意，他放松地笑道："这才是我们需要的良知嘛，这才像是我们的人呢！"有效的说服者知道如何有效地传达信息。

现在改变一下场景。设想怀特先生是在 7 月 4 日纪念独立宣言的演讲中听到这种"人民权利"的煽动性观点，同时还听到一名共和党议员宣读节约政府开支的方案，他现在会有不同的反应吗？

社会心理学家发现信息的传播者确实会影响接受方对信息的接受。在一个实验里，荷兰社会党和自由党的代表在议会上用同样的话语表达相同的观点，但结果每一方的论点都只对本党的成员最有影响力[8]。人们更愿意赞同他们所认同政治党派的领袖所发表的言论[9]。不仅信息本身非常重要，说服者同样重要。那么说服者的哪些特点会影响说服力呢？

可信度

众所周知，如果英国皇家学会或者美国科学院声称锻炼身体有诸多好处，人们会觉得比小报可信得多。不过，信息源的**可信度**（credibility，感知到的专业性和可靠性）的影响在一个月左右后就会消退。如果某位可靠的人传达的信息有说服力，那么这种影响会随着对信息源的淡忘或者信息源与信息的分离而消退。相比之下，那些不太可靠的人所传达信息的影响力则会随着时间的推移而相应地增强（如果人们更好地记住了信息内容而非令这些信息大打折扣的原因）[10]。这种在人们遗忘信息源或者遗忘其与信息的联系之后产生的延迟性说服，就是**睡眠者效应**（sleeper effect）。

吸引力与喜爱

大多数人都会否认体育和娱乐明星对某些产品的代言会影响自己。我们都清楚明星们对自己所代言的产品其实知之甚少。此外，我们也知道这类广告的意图就是要说服我们；我们也经常听到泰勒·斯威夫特（Taylor Swift，美国当红女歌星和电影明星——译者注）谈论服饰和香水。这类广告利用了有效说服者的另一个特征：**吸引力**（attractiveness）。

我们可能认为自己不会受他人的吸引力或喜爱度的影响，但研究者发现了相反的结果。我们对于自己喜爱的人更可能做出回应，那些慈善募捐的组织者和糖果销售商深知这一点。例如，女童军饼干虽然好吃，但如果销售它们的是毫无魅力的中年男士而不是可爱的小女生，那么买饼干的人会少很多。甚至与他人短暂的谈话也足以增强我们对此人的喜爱及对其影响的回应[11]。喜爱

有吸引力的沟通者通常会采用外周路径的说服，例如蕾哈娜为其香水所作的广告。我们会将说服者提供的信息或宣传的产品与我们对说服者本身的喜爱联系起来，进而认可并相信这些信息和产品。

他人会使我们敞开心扉去思考说服者的论据（中心路径说服），或者在我们以后见到那些产品时会引发积极的联想（外周路径说服）。

吸引力有若干形式，外表吸引力就是其一。当漂亮的人表述某个论点（尤其情绪性的论点）时，往往更有影响力[12]。

相似性也会带来吸引力。我们往往喜欢那些与我们相似的人，我们也会受他们的影响。一场成功的反吸烟运动就利用了这一点，它通过广告突显青年偶像，质疑烟草公司的营销活动及其危害性[13]。有些人与我们有着类似的动作，不经意地模仿我们的姿势，他们同样更有影响力。因此，在培训销售人员时，有时会要求他们“模仿顾客”：如果顾客的双臂或者双腿是交叉的，那你也应该这么做；如果她微笑了，你也要向她微笑。

你可能在网络上或电视上看过由消费者拍摄的广告。例如，从 2006 年起，多力多滋薯片就让顾客们自己创作 30 秒的广告，获奖的广告可以在超级碗上播出。这种广告有效吗？如果人们将广告创作者看作“普通人”，一个跟自己差不多的人，那么可能有效。果然，一个实验发现，当参与者认为广告创作者与自己相似时，这种由消费者制作的广告更为有效[14]。

说什么？信息内容

不仅说服者的自身特点会影响说服效果，说服的内容也同样重要。如果你要说服他人为教育税投票、戒烟或者捐钱救济全球饥荒，你可能很想知道怎样才能最有力地说服他人。

- 逻辑的还是唤起情感的信息更有说服力？
- 你应该如何呈现信息？
- 你应该呈现多少信息？

让我们逐一讨论这些问题。

理智与情感

假设你正在发起一项支持救济全球饥荒的活动。最好的说服办法是逐项列举论据并引用一大堆令人印象深刻的统计数据，还是诉诸情感（例如讲述某个挨饿孩子的感人故事）？在我居住的社区里，支持保护同性恋的反歧视提案的人想知道：民意多大程度上会受到与性取向有关的理性和证据影响，多大程度上又受情感影响？人们所了解的说服内容重要，还是对他们认识的说服者的情感更重要？当然，论据可以兼具理智与情感。说服者可以把激情和逻辑结合起来。然而，哪一个更有影响力？是理智还是情感？是莎士比亚笔下的莱桑德（《仲夏夜之梦》中的人物）说得对："人类的意愿受到理智的支配"？还是查斯特菲尔德伯爵的忠告更明智："劝服别人时请专注于他们的感觉、内心以及人性的弱点，但千万不要诉诸理智"？

答案取决于说服的对象。有良好教育背景或者善于分析思辨的人更容易接受理性的说服[15]。深思熟虑的、积极参与的说服对象通常会选择中心路径，他们对逻辑严密的论点回应最好。而不感兴趣的说服对象则更多地选择外周路径，他们更多地受自己对说服者喜爱度的影响[16]。

从美国重要选举前的访谈来看，很多选民的参与度并不高。因此，正如我们预期的那样，选民对候选人的情感反应与对候选人的特质及其行为的看法相比，前者更能预测投票倾向[17]。在选举中起作用的不仅仅有候选人的政治立场（哪个候选人持有你的观点），还有你对他们的喜爱程度（你想与谁共度时光）。

好心情效应

通过与好心情（例如听到悦耳音乐时的心情）相联系，信息也可以变得更有说服力。收到金钱奖励或免费样品通常会诱使人们捐钱或买东西[18]。这或许就是那么多的慈善机构在信封里放入地址标签、便签纸甚至硬币的原因。

好心情通常可以增强说服力，一方面好心情能促进个体积极地思考，另一方面人们会将好心情与信息本身联系在一起[19]。心情愉快的人会透过快乐的“粉色眼镜”看世界。但他们也会更快速、更冲动地做决定，更多地依赖外周线索[20]。苦恼之人在做出反应之前会反复考虑，所以弱论据很难左右他们。（他们还会提出更有力的说服信息[21]。）因而，如果你的论证薄弱，你最好先让说服对象有一个好心情，希望他们对你的信息产生好感，而不

“如果陪审团在一间舒服点儿的酒店里裁决，
我们就不会坐牢了。”

好心情有利于形成积极的态度。

会仔细思索。

幽默可以给人带来好心情，一个荷兰研究小组[22]对此进行了实验，他们让参与者观看广告，在广告边上要么呈现一幅有趣的漫画，要么呈现同一幅但改得无趣的漫画。结果对参与者的内隐态度进行测量发现，配有幽默漫画的产品更受喜爱，也更多地被选中。

荷兰内梅亨大学的实验研究显示，幽默可以让人们更喜欢图中的产品。

唤起恐惧效应

说服信息如果能唤起说服对象的消极情绪，也有说服效果。当我们试图说服人们减少吸烟、注射破伤风疫苗或者小心驾驶的时候，能唤起恐惧情绪的信息非常有说服力[23]。给吸烟者展示吸烟的可怕后果能增加说服力，正是基于这一事实，30多个国家要求烟草厂商在香烟包装上图示吸烟的危害[24]。8%的加拿大青少年称，这种图片警示减少了吸烟的吸引力[25]。2012年，澳大利亚在香烟包装上印上了吸烟者患病和临终时的图片，吸烟率下降了近5%[26]。然而，在美国，一名法官已经禁止在香烟包装上印上图示警告，至少目前是这样[27]。

但是，说服信息应该唤醒多大的恐惧呢？是否应该只唤醒一丁点儿恐惧，以免人们因为太害怕而回避这些令人痛苦的说服信息？或者应该让他们堕入黑暗的恐惧深渊？实验研究表明，通常情况下，人们的恐惧程度越高，感觉越脆弱，说服效果越好[28]。然而也有例外：在读到有关全球变暖的灾难警告信息后，人们会有防御性的反应，否认全球变暖的存在。研究者总结说，灾难信息太严重，远超参与者的认知，即世界是稳定、有序和公正的[29]。

通过激起说服对象的恐惧情绪有效地进行说服，在呼吁人们戒烟、减少危险性行为以及警告酒驾的广告里得到了广泛应用。利维－勒博耶[30]发现，激起恐惧反应的图片可以有效地改变法国青少年对烈酒的态度和饮酒习惯，法国政府随即将这些吓人的图片放入了电视广告。

在一次成功的反吸烟宣传中，官方使用了生动的“事实”广告。一段广告中，货车在某家烟草公司门前停下，一群年轻人蜂拥而出，从货车上卸下了 1 200 个裹尸袋，占满两个街区。身穿工服的烟草公司员工，好奇地从上面的窗户往下观望，一名少年手拿喇叭大喊：“你们知道烟草每天杀死多少人吗？我们要把这些尸体留在这里给你们看看，让你们知道 1 200 个人长什么样”[31]。然而，观看菲利普·莫里斯公司（PhilipMorris, 世界第一大烟草公司，总部设在美国纽约）同时期强调理智的广告（广告告诫“理性思考，不要吸烟”）的少年并不会因此少吸烟，而更生动、更尖锐的广告则能显著地减少吸烟行为[32]。

唤起恐惧的信息也被用来使人们更多地进行乳腺癌检测，例如做乳腺X线检查或乳房自检。研究者[33]让那些没有做过乳腺X线检查的40~66岁的妇女观看一段关于乳腺X线检查的教育视频。观看积极框定的信息（强调乳腺X线检查能帮助你及早发现疾病以挽救你的性命）的人，12个月内只有一半的人做了检查；而观看恐惧框定的信息（强调不做乳腺X线检查会使你付出生命的代价）的人，12个月内有2/3的人做了检查。那些看到被太阳紫外线晒伤的脸部照片（显示了随着年龄增长必定会出现的所有雀斑和斑点）的人，显著地更可能使用防晒霜。在这里，干预不仅聚焦于罹患癌症的恐惧，还有对失去吸引力的恐惧[34]。

恐惧信息只有不仅让人们害怕威胁事件的严重性和可能性，而且让他们认识到解决之道并感到有能力实施，才最有说服力[35]。许多旨在减少危险性行为的广告既使用“艾滋病致命”的口号来唤醒人们的恐惧情绪，又提出了预防办法：禁欲、使用避孕套或者保持忠诚的性关系。

说服信息的焦点也可以是通过使用预防性产品你能得到什么（“涂防晒霜可以让你拥有靓丽的肌肤”），而不是你会损失什么（“不涂防晒霜，你的皮肤将变得很糟”）[36]。获益表达信息的核心是健康行为（不吸烟、锻炼和涂防晒霜）带来的益处，要比从损失角度表达的信息更有说服力[37]。这一原则在其他领域也同样适用：在有关全球气候变化的文章结尾处讨论可能的解决办法，其说服力要好于在结尾处描述未来的灾难[38]。

信息背景

信息背景（尤其是信息呈现之前刚刚发生的事情）会对说服效果产生很大影响。在一项研究中，一名实验助手在波兰火车站走近某位行人说："打扰了，你的钱包丢了么？"听到后，每个人都会立即检查自己的口袋或背包，发现钱包还在，他们都松了一口气。实验助手随后解释，她正在为一次慈善活动售卖圣诞卡片，最后说："帮助无助的人是高尚的！"近40%的人购买了圣诞卡片，而那些没有受到丢钱包惊吓的人在听完她的劝说后，只有10%的人购买了卡片。研究者将这种高效的说服方法称为"先恐吓，后宽慰"[39]。

还有一些说服技巧利用了请求的大小。实验表明，如果你想让人们帮你一个大忙，那你应该先让他们帮你一个小忙，这被称为**登门槛现象**（foot-in-the-door phenomenon）。下面这项著名的研究证实了登门槛现象。研究者假扮成志愿者，请求加利福尼亚州的居民允许在其前院安装一个巨大的、印刷粗糙的"安全驾驶"标志。结果只有17%的居民同意。另一部分居民则先接到一个小请求：可以在窗户上贴一张7厘米的"做一名安全驾驶者"的标志吗？几乎所有人都欣然同意了。两周后，当被问及是否可以在他们的前院安装一个巨大而丑陋的标志时，76%的人同意了[40]。或者想象你是一名走在法国街头的年轻女性。这时，一名年轻男子走近你，对你说："你好，不好意思打扰你了。我想问问你现在忙不忙。如果不忙，也恰好有时间，能不能一起喝一杯？”只有3%的人同意。但是，如果这位男士一开始问她们借个火或问路，然后再提邀请，同意人数是之前的5倍（15%）[41]。小请求能够带来更大的选择。（希望意识到这种说服策略能让你不容易受它的影响。）

在这个实验以及其他100多个关于登门槛的实验中，人们最初的顺从（指路、在请愿书上签名）都是自愿的[42]。当人们投身于公共行动，并将这些行动视为自己的行为，他们就会更加坚信自己所做的是对的。

社会心理学家罗伯特·西奥迪尼曾说自己“容易受骗”。他说：“从我记事起，我一直就是小贩、募捐者和各种活动组织者容易影响的目标。”为了更好地理解为什么人们会答应别人的请求，他在销售、资金募集以及广告等机构做了三年实习，探索人们如何利用“影响力”这个武器。他也会用一些简单的实验来检验这些武器。在其中一个实验中，西奥迪尼及其合作者[43]发现了另一种登门槛现象——**低价策略**（lowball technique）。在顾客因价格便宜而同意购买一辆新车，并开始填写销售表格之后，销售人员会在一些可选项上收费或与老板协商（老板不愿意做这一买卖，因为“我们已经赔钱了”），从而消除价格优势。跟一开始就同意高价的顾客人数相比，“低价”顾客中坚持高价购买的人更多。航空公司和酒店也会使用这个策略，仅提供少数几个价格优惠的座位或房间来吸引许多顾客询价。然后，当便宜的座位和房间满员后，他们希望顾客能够同意价格较高的选项。

市场研究者和销售人员已经发现，即使我们意识到商家的获利动机，低价策略依然有效[44]。一个最初不会造成损失的承诺（例如为获得更多信息和“免费礼物”寄回明信片，或者答应去听一个有关投资的报告），经常会让我们做出更大的承诺。因为销售人员有时会利用这些小承诺的力量，试图让人们达成购买合约，所以美国很多州现在都有相关法律，允许消费者在几天内考虑他们的交易，并且可以取消。为了对抗这些法律的影响，很多公司采用了一个所谓“防止顾客取消合约的极其重要的心理援助”的销售培训项目[45]。他们只是让顾客而非销售人员填写合约，顾客在亲手填写合约后，通常会遵守自己的承诺。

登门槛现象是值得牢记的教训。那些试图在经济、政治或性方面说服我们的人，经常会通过一个个小请求来诱导出顺从他们的倾向。一个实用的建议是：在答应一个小请求之前，请考虑接下来会发生什么。

同时，也想一下，在你拒绝了一个大请求后，接下来你会做什么。这被称为“留面子策略”（door-in-the-face technique）。西奥迪尼及其同事[46]询问亚利桑那州立大学的一些学生是否愿意在一次动物园旅行中照看问题儿童，只有32%的学生同意这么做。但实验者问另一组学生能否为问题儿童担任两年的志愿辅导者，所有人都拒绝了（类似于将销售人员拒之门外）。然后，实验者反过来再问学生能否带这些孩子去动物园玩，实际上等于说：“好吧，如果你不愿意做那件事，可以只做这件小事吗？”通过采用这个策略，同意帮忙的学生是之前的近两倍（56%）。如果先问学生们能否参加一个长期的献血计划，然后问他们能否在当天献血，与仅仅请求他们献血相比，前者更可能顺从[47]。或者想象一下这样的场景：在餐馆吃完饭后，服务员问你要不要甜点。在你拒绝后，她又问你要不要咖啡或茶。那些一开始被推荐甜点的顾客更有可能同意下一个推荐[48]。

对谁说？说服对象

信息接受者（说服对象）同样重要。我们从说服对象的年龄和思维方式这两个特点来进行分析。

年龄与说服

2012 年美国总统选举期间，罗姆尼更受老年选举人的喜欢，而奥巴马则受年轻选举人的青睐。从中可以明显看出，人们的社会和政治态度与年龄有关。社会心理学家对此提出了两种可能的解释。

- 生命周期解释：态度随着人们年龄的增长而逐渐改变（如变得更为保守）。
- 代际隔阂解释：态度没有发生变化；老年人的态度与其年轻

时基本上没什么两样，但与当今年轻人的态度不同，代沟由此而生。（图 4-1 是大代沟的一个例子。）

目前大多数研究证据都支持代际隔阂理论。对年轻人和老年人若干年的调查研究发现，老年人的态度变化通常比年轻人小。正如戴维·西尔斯[49]所言，研究者“几乎一致地证实了代际隔阂理论而非生命周期理论”。

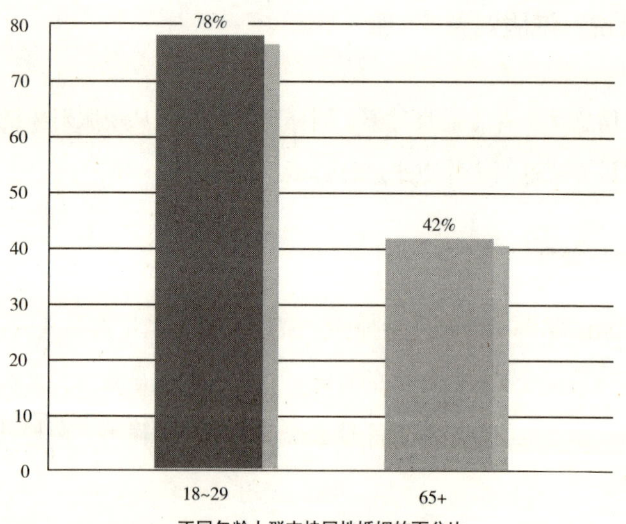

图 4–1 盖洛普调查显示，2014 年美国人对同性婚姻的态度存在代沟。针对态度代际差异的“生命周期”解释认为，人们会随着年龄增长而变得更保守；“代际隔阂”解释则认为，每一代人往往都会固守自己在青少年期和成年早期形成的态度。[50]

十几岁以及二十几岁的年轻人正处于价值观形成的重要时期[51]。此阶段态度还能发生变化，但一旦形成后到中年期往往都一直保持稳定。盖洛普公司对12万多人的访谈发现，在18岁时形成的政治态度——在里根受欢迎的时代偏好共和党，在乔治·布什不受欢迎的时代偏好民主党——往往会一直持续[52]。

因此，应该指导年轻人慎重地选择影响自己的社会因素，如参加的组织、接触的媒体、扮演的角色等等。例如，戴维斯[53]发现，在20世纪60年代期间年龄达到16岁的美国年轻人自此之后在政治上比一般人更开明。正如树的年轮在多年后能揭示干旱留下的痕迹一样，数十年之后的态度也可以揭示当年的事件，如20世纪60年代的越南战争及人权运动，这些事件塑造了青少年期和成年早期的思想。对许多人而言，这些年是态度和价值观形成的关键时期。

青少年期和成年早期是价值观定型的重要时期，部分原因在于此阶段的经历能给人留下深刻而持久的印象。舒曼和斯科特[54]让人们说出半个世纪以来一两件最重要的美国国内或国际事件，结果发现，大部分人回忆的内容都是自己十几岁或二十几岁时发生的事件。对那些在16~24岁期间经历过经济大萧条或二战的人来说，这些事件的影响远超20世纪60年代早期的人权运动和肯尼迪遇刺事件、60年代晚期的越南战争和成功登月以及70年代的女权运动（人们如果在16~24岁时经历过后面这些事件都会留下深刻的印象）。因此，我们可以预测，今天的年轻人会把诸如

2007—2009 年的经济衰退和抓捕本·拉登等事件视为难忘的历史转折点。

这并不是说年纪大的人不会变通。出生于 20 世纪 30 年代的人通常因其保守而被称为“沉默的一代”，但随着他们从 40 多岁增长到 70 多岁，他们对诸如婚前性行为、职业母亲等现代文化观念的赞同不断增加[55]。从 20 世纪 70 年代到 21 世纪初，随着文化朝着性自由和性别角色更加平等的转变，这些中年人显然已经跟着时代改变了。很少有人能完全不受文化规范变化的影响。而且，在人生的最后岁月里，老年人的态度可能再次变得容易改变，这大概是由于其态度的强度有所减弱[56]。或者如某些研究所示，抵制态度改变最强的人生阶段是中年，因为中年人往往拥有较多的社会权力，这种社会角色要求立场坚定[57]。

思维方式与说服

外周路径说服的关键并不在于信息本身，而在于信息引起说服对象心中何种反应。人的心理不是海绵，无法接受所有的信息。如果信息唤起了肯定的想法，就能说服我们；反之，如果激起了相反的观点，就无法说服我们。

避免打草惊蛇——如果不想遭人反驳，请勿引起对方警觉 什么情况会引起说服对象的反驳呢？一种情况是，预先知道某人将试图说服你。如果你不得不告诉家人你想退学，你很可能已经预料到他们会劝说你继续完成学业。于是你可能早就准备好一系列的

论据，来反驳他们可能想到的所有理由，这样你就不太可能被他们说服[58]。在法庭上也是如此，辩护律师有时会在原告出示证据之前，预先警示陪审团即将呈现的控诉证据。在模拟陪审中，这种“先声夺人”减少了证据的不利影响[59]。

分心会减少反驳 如果人们受到干扰而无暇反驳时，说服效果也会增强[60]。在一项研究中，参与者如果一边读文字信息，一边观看视频（这种“多任务作业”的体验在现代生活中很常见），就不太可能进行反驳[61]。政治宣传通常会利用这种方法。一方面，政治广告中的文字为候选人做宣传，另一方面，视觉画面却吸引了我们大部分的注意力，使我们无暇分析文字信息。说服信息较为简单时，分心的效果尤为显著[62]。尽管有时候分心会妨碍我们对广告信息的加工。这有助于解释为什么暴力和色情的电视节目中的广告往往让人记不住，也没有效果[63]。

不太投入的说服对象会使用外周线索 前面分析了说服的两种路径——系统思考的中心路径以及利用启发式线索的外周路径。中心路径在分析论据及构思反应时有起止点，就如穿越小镇的蜿蜒道路；而外周路径则载着人们快速到达目的地，就如绕过小镇的高速公路。善于思考的人表现出强烈的*认知需要*，喜欢仔细思考并偏好中心路径[64]。而喜欢节省心理资源的人则表现出较低的认知需要，通常对外周线索的反应较快，比如说服者的吸引力以及周围环境的舒适度等等。在一项研究中，研究者要求学生想象他

们正在计划一次春游，正试图决定旅行的目的地。然后，他们在旅游网站上查到了美国游客最多的五个城市（洛杉矶、纽约、旧金山、奥兰多和迈阿密）。对某一目的地感兴趣的学生更关注网站所提供的信息，也更容易被这些信息说服（中心路径），而那些兴趣不大的学生则更多关注网站的设计（外周路径）[65]。

我们面对信息时所产生的想法至关重要，当我们积极性很高并且有能力思考时，尤其如此。根据这一简单的理论提出了许多预测，大部分预测都得到了证实[66]。许多实验探索了激发人们思考的方法：

- 使用反问句；
- 使用多名演讲者（例如让三名演讲者各自叙述同一个观点，而不是由一名演讲者陈述三次）；
- 使人们感到自己有责任评价和传递信息；
- 重复信息；
- 吸引人们集中注意力。

他们使用这些方法得出的一致结论是：激发思考可以使有说服力的信息更具说服力，并且（由于反驳的影响）使无说服力的信息更令人怀疑。

该理论也具有现实意义。有效的说服者不仅应该注重自己的形象以及所传达的信息，还应该关注说服对象可能会出现的反应。最好的教师总是能让学生积极思考。他们会以反问句提出问题，举出引人入胜的范例，还会用难题挑战学生。所有这些技巧有助于中心路径的说服。当课堂教学不太吸引人时，你仍可以建立中心路径的说服。如果你仔细思考教学材料并深入剖析论据，你的课程教学可能变得更好。

心理治疗中的两条说服路径

在咨询和心理治疗中，说服具有建设性的应用。社会咨询心理学家斯坦利·斯特朗[67]将咨询和心理治疗视为“应用社会心理学的分支领域”。到了20世纪90年代，越来越多的心理学家已经接受了“社会影响（即一个人影响另一个人）是心理治疗的核心”这一观点。

对心理疗法影响的分析集中在治疗师怎样树立可靠和可信任的专家形象、他们的可信度怎样提升他们的影响力，以及治疗师与来访者的互动如何影响来访者的思维[68]。外周线索（例如治疗师的可信度）可能有助于治疗师启发来访者思考。但是，深思熟虑的中心路径说服才能引发最持久的态度和行为改变。因此，治疗师的目的不应是引发来访者对专家判断表面上的同意，而是要改变来访者自己的思维模式。

幸运的是，参加治疗的大部分来访者都有动机采取这种中心路径，即在治疗师的指导下深刻地思考自身的问题。治疗师的任务只是提供意见，并提出适当的问题来引导积极有效的想法。治疗师激发来访者思考比治疗师的洞见更重要。诸如“你对我刚才所说的怎么看？”此类问题就能启发来访者的思考。

希萨克[69]以一名35岁的男研究生戴夫为例，说明了治疗师如何才能帮助来访者反思。戴夫否认他有潜在的药物滥用问题。咨询师了解到，戴夫是个喜欢有力证据的聪明人，于是试图说服他接受诊断结果，并去参加一个治疗支持团体。咨询师说：“好，如果我的诊断是错误的，我愿意改正。但是让我们来看看药物滥用者一系列的特征，以此来检验我诊断的准确性。”咨询师然后慢慢地检查每一条标准，并给戴夫时间去思考每一条标准。当这一切结束时，戴夫一下子靠到椅子上，大呼道：“我不敢相信，我是一个该死的酒鬼。”

哲学家帕斯卡尔1620年《思想录》中就已经预见了这一原理：“相比别人发现的道理，人们通常对自己发现的道理更加深信不疑。”这是一条值得铭记于心的原理。

5

教化与免疫

生活中的很多力量都是双刃剑。核能可以用来照明，也可以摧毁城市。性能量可能促使我们表达有承诺的爱情，也可能让我们追求私欲的满足。同样，说服的力量能促进健康教育，却也可以用于出售毒品；可以倡导和平，也可以煽动仇恨；可以给人启迪，也可以欺骗他人。说服的力量非常强大。请看下面的例子。

- 错误信念的传播：约 1/4 的美国人和 1/3 的欧洲人认为，太阳绕着地球转[1]。约 1/5 的美国人以为总统奥巴马是穆斯林，1/3 的美国人认为奥巴马不是在美国出生的[2]。还有人否认登月成功和曾经发生过纳粹大屠杀。
- 气候变化怀疑论：以各国科学院和政府间气候变化专门委员

会为代表的科学共同体实际上就以下三个事实达成共识：(1)大气中的温室气体在不断累积；(2)冰盖融化和气温升高都证明全球气候正在变暖；(3)几乎可以肯定，气候变化将导致海平面升高和更多的极端天气，包括史无前例的洪水、龙卷风、干旱和高温。然而，公众对气候变化的怀疑态度却在不断增强。2008 年到 2014 年间，相信全球变暖的美国人由 75% 降低到了 65%，只有 36% 的人将全球变暖视为严重的威胁[3]。在英国，否认气候变化的人口比例在 2005 年到 2013 年间增长了 4 倍多，从 4% 增长到了 19%[4]。2013 年有 39% 的德国人担忧全球变暖，而 2006 年这个数字为 62%[5]。研究人员很疑惑，为什么科学共识未能说服公众，促使公众采取行动呢？应该怎么做才更有效？

- 推广健康生活：美国疾病控制与预防中心报告，只有 18% 的美国人吸烟，是 40 年前的一半，这部分得益于健康促进运动的兴起。《加拿大统计》报告，加拿大的吸烟率同样下降。同时，美国大学新生从未饮酒的比例增大了，从 1982 年的 26% 增加到 2014 年的 66%[6]。

从以上这些例子来看，说服的作用有时很坏，有时存在争议，有时却很有益。说服本身并没有好坏之分，而是说服的目的及其内容会引起我们的价值判断。我们将用意险恶的说服称为“蛊惑人心”，将导人向善的说服称为“教育启迪”。与蛊惑相比，教育多以事实为基础，并且较少使用强制性手段。然而，一般来说，我们将自己相信的说服信息称为“教育”,而将不相信的称为“蛊惑”[7]。

抵制说服：态度免疫

在深入分析了说服的作用之后，你可能想知道是否有一些抵制不良说服的策略。借助于逻辑、信息和动机，我们确实可以抵制谬误和谎言。如果维修人员的制服和医生的头衔胁迫我们无条件地赞成，那么我们可以反思一下自己对权威的习惯性反应。在投入时间和钱财之前，我们可以先搜寻更多的信息。我们可以对那些不明白的事情提出质疑。

加强个人承诺

另一种抵制说服的方法是：在别人进行判断之前，先对自己的立场做出公开表态（事前承诺）。公开支持自己的信念之后，你就不太容易受别人的言行影响（或者我们应该说，不那么“开放”了）。

引发反驳

温和的攻击可能孕育抵抗的原因是：就像接种抵御疾病那样，

再薄弱的论据也会引发反驳，这就能为更强烈的攻击做好准备。麦圭尔想知道：我们是否可以像接种疫苗抵抗病毒一样，使人们对说服产生免疫力？是否存在类似**态度免疫**（attitude inoculation）这样的东西？他发现确实存在：如果让参与者写一篇文章，驳斥对某一信念的轻微攻击，他们就会获得“免疫”，随后能更好地抵制更强烈的攻击[8]。

西奥迪尼及其同事[9]赞同适当的反驳是抵制说服的绝佳方法，但是他们想知道人们在对竞争对手的广告做出回应时，如何才能想起要对其进行反驳。他们建议，答案就是采取“有毒寄生者”式的防御措施，也就是将毒药（有力的反驳）与寄生者（看到对手广告时能想起反驳观点的提取线索）结合起来。他们的研究发现，如果参与者事先看到了附在熟悉的政治广告上的反驳信息，那么他们就很难被这个广告说服。再次观看这一广告也会让人们

“有毒寄生者”式的广告

想起尖锐的反驳信息。举例来说，反吸烟广告有效地利用了这一点，它们对“万宝路男人”广告进行了二次创作，同样是在条件恶劣的野外，但是其中的牛仔却衰老不堪，不停地咳嗽。

现实生活中的应用：免疫工程

让孩子具有抵制同伴吸烟压力的免疫力

想一想实验室研究的成果如何应用于实际。一个研究小组让高中生给七年级学生“接种”抵制吸烟同伴压力的“疫苗”[10]。高中生教育那些七年级学生要对烟草广告做出反驳。学生们还进行角色扮演游戏，如果游戏中因为不吸烟而被同伴叫作“弱鸡”，他们可以这样回答：“假如吸烟只是为了给你留下印象，我就真是弱鸡一只。”在七年级和八年级持续进行若干次这样的活动后，那些接种过“疫苗”的学生开始吸烟的可能性只有另一所中学未接种“疫苗”学生的一半，而两所学校学生家长的吸烟率一样（如图 5-1）。

其他一些研究小组也证实了这种免疫方法——有时也补充其他生活技能的训练——能够减少十来岁的少年吸烟[11]。大多数新研究都强调抵制社会压力的策略。其中一项研究是给六至八年级的学生们放映抵制吸烟的电影，或者提供与吸烟有关的信息，同时让他们参加拒绝吸烟的自创角色扮演活动[13]。一年半之后，观看反吸烟电影的学生有 31% 的人开始吸烟，而参加角色扮演的

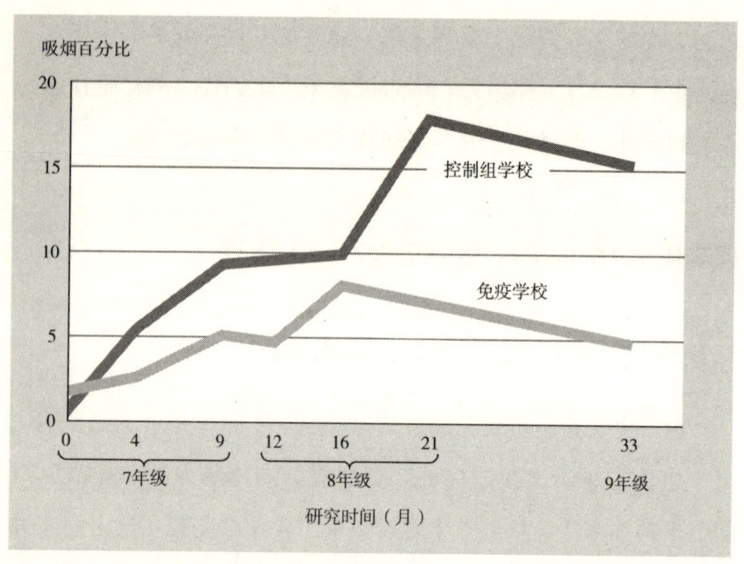

图 5-1 态度免疫对少年学生吸烟行为的影响。在“接种过疫苗”的中学里，吸烟学生的百分比远低于采用一般吸烟教育方法的匹配控制组学校。[12]

学生只有 19% 的人开始吸烟。

反吸烟和反毒品教育项目也运用了其他说服原理。请有吸引力的同龄人进行宣讲，唤醒学生们自身的认知加工（“有些事你可能想思考一番”），要求学生做出公开承诺（做出关于吸烟的理性决策，并且连同自己的推理过程，在全班同学面前公布）。有些预防吸烟的项目只需要 2~6 个小时的课时，仅使用准备好的印刷材料或录像资料即可。如今，任何希望通过社会心理学的方法预防吸烟的学校或教师都能够做到这一点，简单易行，成本较低，并且有望显著降低未来的吸烟率，减少相关的健康费用。这些预防项目以及其他的干预措施似乎已经奏效：2014 年，美国仅有 14% 的十二年级学生报告，曾在上一个月里吸烟，而这一比例在 1976 年为 38%。但与此同时也出现了新问题——电子烟，在上一个月里，有 18% 的十二年级学生使用电子烟[14]。

给孩子免疫以抵制广告的影响

比利时、丹麦、希腊、爱尔兰、意大利和瑞典都严格限制针对儿童的广告[15]。罗伯特·莱文曾在《说服的力量：我们如何买进卖出》一书中指出，一个普通的美国儿童每年会看一万多条商业广告。他说："20 年前，孩子们喝的牛奶是汽水的两倍。正是拜广告所赐，这个比例现在颠倒过来了"[16]。

为了限制广告的影响力，研究者一直在探讨如何使孩子们对电视广告产生免疫力。他们研究这一主题的部分原因是研究表明，儿童（尤其是 8 岁以下）:（1）难于分辨电视节目和商业广告，不了解广告的说服目的；（2）会不加分辨地相信电视广告内容；（3）会恳求或逼迫父母购买广告商品[17]。孩子们似乎是广告商的最爱：轻信、易受影响、轻易购买。

鉴于以上研究结果，民间组织对这些商品的广告商们提出了批评[18]："如果精明世故的广告商花几百万美元做广告，把不健康的产品卖给单纯、轻信的孩子们，那么这只能称为剥削。"在《母亲对广告商的宣言》[19] 中，美国妇女的广泛联合就是这种愤怒的表现：

> 对我们而言，孩子是无价之宝。对你们来说，孩子仅仅是顾客，而且是一块极富开采价值的“细分市场”……在你们那些训练有素并富有创造力的专家对孩子进行研究、分析、说服以及操纵后，满足和创造消费者的需求与欲望之间的界限变得越来越模糊……那些令人心动的信息，诸如：“你今天该休息一下了”“尝试你自己的方式”“跟着你的感觉走，服从你的渴望”“放手去做吧”“没有任何限制”和“抓住你的愿望了吗？”这些话语体现了广告和营销的主要信息：生活就是自私自利、及时享乐和物质至上。

随着大量的广告转到互联网上，新问题出现了。例如，年幼的儿童可能意识不到，他们正在玩的网络游戏（比如麦当劳网站上寻找水果圈麦片的“寻宝地图”以及“快乐的声音”等游戏）实际上是广告，并且常常是不健康食品的广告[20]。在一个实验中，那些玩此类游戏的7~8岁的孩子比不玩这些游戏的孩子更可能选择高糖、高脂肪的食物[21]。

另一方面是商业广告的获益方，他们宣称广告可以帮家长教会孩子消费技巧，而且更重要的是，还可以为儿童电视节目提供资金。在美国，联邦贸易委员会受到学术研究结果和政治压力的推动，在是否应该对垃圾食品以及面向未成年人的限制级电影的电视广告施加新的限制这一问题上保持中立。

孩子可能意识不到，网络游戏实际上是广告（虽然麦片名称中有“水果”这个词，但实际上并不含任何水果）

同时，研究者发现，能批判性地看待广告（有“抵制传媒的技能”）的市中心七年级的学生，在八年级时也能更好地抵抗同侪压力，并且在九年级时不太可能饮酒[22]。研究者也想知道能否教会儿童抵制欺骗性的广告。在其中的一项研究中，他们给洛杉矶地区的小学生们上了三节半小时的广告分析课。孩子们通过观看广告并进行讨论的方式来增强抵抗广告的免疫力。例如，在看完一段玩具广告后，立即给他们那个玩具，研究者要求他们尝试像广告宣传的那样玩这个玩具[23]。这样的经历有助于培养孩子们对广告更切合实际的认识。

态度免疫的意义

抵制洗脑最好的方法可能并不仅是对个体当前的信念进行更大强度的教化灌输。如果父母们担心自己的孩子会吸烟，那么他们最好能教孩子们如何抵制那些劝人吸烟的有力请求。

基于上述理由，宗教教育者应该对在教堂和学校里建立“无菌的意识形态环境”保持警惕。能接触到各种观点的人辨别能力更强，只有在面对令人信服的论据时才更可能改变自己的观点[24]。如果对个体观点的质疑遭到反驳，更可能巩固而非动摇其立场，如果个体可以与其他有类似想法的人一起考查这些威胁性的材料时尤其如此[25]。邪教是这样运用这条原则的：提前警告其成员，他们的家人和朋友会攻击邪教的理念。当预期的挑战出现时，成员已经做好了反驳的充分准备。

要成为批判性思考者，我们可以从免疫研究中得到一些启发。你是否想要提高对虚假信息的抵抗力，同时又想对合理可靠的信息保持开放？请做一个积极的聆听者。强迫自己去抗辩。换言之，不要简单地倾听，而是要做出反应。听完一场政治演讲后，和他人进行讨论。如果信息经不住仔细推敲，那么它就非常不可靠。如果信息经得起分析，那么它对你的影响会更为持久。

6

纯粹他人在场

我们的世界不仅有 74 亿个体，还包括约 200 个国家、400 万个地方性社区、2 000 万个经济组织以及数亿个其他正式或非正式的群体——约会中的恋人、一起散步的室友、制定战略的商业团队等等。那么，这些群体会如何影响个体？这个模块要探讨社会心理学最基本的问题：纯粹他人在场是否会影响我们？“纯粹在场”是指在场的他人实际上只是被动的观众或**共同行动者**（co-actor），并不会参与竞争，也不会进行奖励或惩罚。

纯粹他人在场

一个多世纪以前，对自行车比赛感兴趣的心理学家特里普利特[1]注意到，自行车手在一起比赛时，成绩要比各自单独骑行时更好。在把自己的直觉发现（他人在场能提高成绩）公布于众之前，特里普利特首先对此进行了社会心理学最早的实验室实验之一。在实验中，他要求儿童尽量快地在鱼线轮上缠线，结果发现，儿童与其他儿童一起比赛时比单独缠线更快。特里普利特总结认为："另一位竞争者的在场能够让人释放潜能。"

采用现代统计技术对特里普利特的实验数据再次进行分析，发现该差异并未达到统计上的显著性[2]。但随后的实验确实发现，他人在场能够提高人们做简单乘法和字母划消等任务的速度，并且也能提高简单动作任务（比如保持一根金属棒与一个旋转小圆盘的接触）的准确性[3]。这种**社会助长**（social facilitation）效应同样适用于动物。有同类在场时，蚂蚁能挖出更多的沙子，小鸡会吃更多的谷物，性活跃的大鼠会更频繁地交配[4]。

不过现在就下结论还为时过早。另一些研究发现，在完成某些任务时，他人在场会*妨碍*当事人的表现。当同类在场时，蟑螂、长尾小鹦鹉、金翅雀学会走迷宫的速度会变慢[5]。这种干扰效应同样会发生在人身上。他人在场会降低人们学习无意义音节、完成迷宫游戏以及计算复杂乘法问题的效率[6]。

如果说他人在场有时能促进个体的表现，有时却会妨碍表现，这跟过去苏格兰的天气预报没什么两样，那时天气预报一会儿说今天可能是晴天，过一会儿又说可能会下雨。到 1940 年为止，这一领域的研究几乎停滞不前，并且一直沉睡了 25 年，直到一种新理论的提出，学界对社会助长的研究才再度兴起。

社会心理学家罗伯特·扎荣茨（Robert Zajonc, 1923—2008）想知道这些看似矛盾的研究结果能否融合到一起。正如科学界常有的灵光一闪一样，扎荣茨[7]善于触类旁通，从另一个领域的研究得到了启发。启示来自实验心理学的一个著名定律：唤醒能够提升所有优势反应的趋势。唤醒能促进简单任务的表现，因为简单任务的“优势”反应往往是正确反应。唤醒状态下，人们完成简单的辨认乱序词（比如“*akec*”）任务最快。而对于复杂任务，正确答案往往不是优势反应，所以唤醒增强的是错误反应。因此，对于更难的辨认乱序词（比如“*theloacco*”）任务，人们在唤醒时表现会更差。

这一定律能够解开社会助长作用之谜吗？假设人们因他人在场而唤醒或振奋，这似乎很有道理[8]；大部分人都有过在旁观者面前变紧张或兴奋的经历。如果社会唤醒能促进优势反应，就应该促进简单任务的作业，并妨碍困难任务的作业。

根据上述解释，令人困惑的结果就可以理解了。在鱼线轮上绕线、做简单乘法题或者吃东西都是简单任务，这些任务的正确反应都是人们熟练掌握的反应或自然的优势反应。毫无疑问，他人在场会促进这些任务的表现。

学习新材料、学走迷宫或者解答复杂的数学题都是较难的任务，起初不太可能做出正确反应。做这些任务时他人在场就会增加个体的错误反应。

所以，同样的基本规律——唤醒能促进优势反应——适用于这两种情况（见图 6-1）。突然之间，先前看似矛盾的结果也不再矛盾了。

扎荣茨的解决方案是如此简洁明了，这令其他社会心理学家们想到了赫胥黎第一次读达尔文的《物种起源》后的想法："怎么以前从来就没这样想过呢，我是多么愚蠢啊！"当扎荣茨指出来之后，这个道理就似乎显而易见了。然而，也有可能是因为受后见之明偏差的影响，才使那些矛盾的结果看起来如此自洽。扎荣茨的这个解决方案能经受住实验的直接检验吗？

在对 25 000 多名参与者进行了近 300 项研究之后，这个解决方案仍旧有效[9]。无论优势反应正确还是错误，社会唤醒都会促

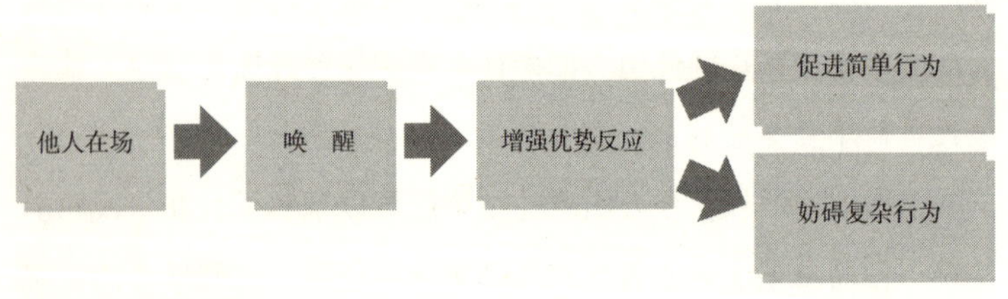

图 6-1　社会唤醒效应。扎荣茨提出，他人在场引起的唤醒可以增强个体的优势反应（只有在简单任务或熟练掌握的任务中优势反应才是正确反应），这一观点可以很好地解释这种看似矛盾的研究结果。

进这种优势反应。例如，亨特和希勒里[10]发现，他人在场时，学生们学走简单迷宫的时间更少，而学走复杂迷宫的时间更多（与蟑螂完全一样！）。迈克尔等人[11]发现，在一个学生社团里面，优秀的台球选手（在被悄悄观察时的进球率为 71%）在 4 位观察者观看他们比赛时成绩更好（80% 的进球率）。而较差的选手（先前的平均进球率为 36%）在被密切观察时成绩更差（25% 的进球率）。

由于运动员、演员和音乐家所表现的都是熟练掌握的技能，这就有助于解释为什么观众的支持性反应往往能激励他们表现出最佳水平。对全球逾 25 万场大学体育赛事或专业体育赛事的研究显示：主场队大约会赢 60% 的比赛。而且，进一步的分析表明，这种主场优势具有跨时间和体育项目的惊人的一致性。NBA 篮球队、NHL 曲棍球队和国际足球联盟球队每年都在主场赢得更多的比赛，无一例外[12]。

社会助长效应（主场观众能促进主场队员熟练掌握的技能的表现）是对主场优势的显而易见的解释。你还能想到其他可能导致主场优势的因素吗？艾伦和琼斯[13]总结了以下可能的因素。

- *裁判偏差*：在一项对 1 530 场德国足球比赛的分析中，研究者发现，裁判对主场球队平均出示了 1.80 张黄牌，而对客场球队平均出示了 2.35 张黄牌[14]。
- *旅途劳顿*：当西海岸的 NFL 橄榄球队飞往东海岸参赛时，

夜间比赛的成绩会好于下午 1 点钟比赛的成绩。

- 对主场环境的熟悉：这一因素的影响程度取决于比赛的举办地，可能包括寒冷、雨天或高海拔等。即使在没有观众的情况下（基于安全考虑），意大利足球队在他们的主场体育馆也会踢得更好[15]。
- 人群噪声干扰：观众的呼喊可能会干扰客场球员的听力或者罚球。

拥挤现象：众多他人在场

综上所述，人们的确对他人在场有所反应。但是，观察者在场总能激发人们的唤醒状态吗？面临压力时，能提供支持的朋友会让我们感到安慰。可是，他人在场时，人们的出汗更多，呼吸加快，肌肉更加紧张，血压升高，心跳加速[16]。在完成挑战性的任务时，即使有支持的观众在场也可能作业更差[17]。第一次钢琴独奏会上亲友团的出席并不能促进你的表现。

他人在场的影响会随着人数的增加而增加[18]。有时候，庞大的观众群体所激起的唤醒状态和对自我的关注，甚至会干扰熟练掌握的、自动化的行为，例如演讲。在极大的压力下，我们很容易卡壳。当口吃者面对一大群听众时，比只对一两个人讲话时更加口吃[19]。在过去 28 年的锦标赛中，职业高尔夫选手在最后一天的比赛表现往往比前一天的表现要差，那些比赛领先的选手尤其如此[20]。

置身人群也会增强个体积极的或消极的反应。当人们坐得很近时，友善的人会更受人欢迎，而不友善的人会更令人讨厌[21]。美国哥伦比亚大学心理学教授弗里德曼及其同事[22]对该校学生以及安大略科学中心的游客进行了一系列的实验，研究者让人们和其他参与者一起听幽默的磁带或者看喜剧电影。当他们坐得很近时，实验助手更容易诱导人们发笑或者鼓掌。正如戏剧导演和体育粉丝所知道的那样，“坐满人的屋子就是好屋子”，这一点也已经得到研究的证实[23]。

也许你已经注意到，35 人的班级坐在恰好容纳 35 人的教室里会比散坐在 100 人的大教室里感觉更温馨、更活跃。当我们和别人坐得很近时，更可能注意他们并与其一起欢笑和鼓掌。然而埃文斯[24]发现，拥挤也会提升唤醒水平。他对马萨诸塞大学的学生进行了一些测试。学生们每 10 人为一组，每组人会待在一间 6 × 9 米的房间或一间 2.5 × 3.5 米的房间。结果发现，拥挤房间里的参与者比宽敞房间里的参与者心率更快，血压也更高（唤醒的指标）。研究者[25]对印度大学生做的一项研究也发现，拥挤使人在完成复杂任务时更容易出错。由此可见，拥挤的作用与他人在场类似：能提升唤醒水平，而唤醒能促进优势反应。

他人在场引起唤醒的原因

在他人面前时，你将变得振奋，可以把自己擅长的事情做得更好（除非你变得过度唤醒或者太在乎自己的表现而卡壳）。然而同样情况下，你原本难以完成的事情就会显得不可能实现了。那么，他人在场如何引起人们的唤醒呢？证据表明存在 3 个可能的原因：评价顾忌、分心以及纯粹在场[26]。

康奈尔大学的学生们坐在2 000人的大礼堂里，聆听詹姆斯·马斯讲授心理学导论。正如他们的体验一样：坐满人的屋子就是好屋子。如果只有100名学生来这里听课，那么他们会感到乏味得多。

评价顾忌

科特雷尔推测，观察者在场使我们焦虑的原因是我们想知道别人怎样评价我们。为了检验**评价顾忌**（evaluation apprehension）是否存在，科特雷尔及其同事[27]让观察者蒙上眼睛，声称要准备进行一个知觉实验，结果发现，与能观察到的观众所引起的效应不同，蒙眼观众的纯粹在场并没有增强个体的优势反应。

其他实验也证实了科特雷尔的结论：如果人们认为在场的观察者正在评价自己，那么他们的优势反应会得到最大的促进。在一个实验中，个体跑步时会遇到一位坐在草地上的女士。如果这位女士面对着他们，他们会加速，而背对着他们则不然[28]。

他人评价引发的自我关注也会干扰我们熟练掌握的自动化行为[29]。如果篮球运动员过分关注自己，在关键罚球的时候分析自己的身体动作，那他很可能无法命中。在不过度思考的情况下，我们能最好地做出一些熟练掌握的行为。

分　心

研究者[30]对评价顾忌进行了更深入的研究。他们认为，当我们在考虑共同行动者会如何行动或者观众会如何反应时，就已经分心了。这种注意他人和注意任务之间的冲突，会使认知系统过载，于是导致唤醒。我们都会“受到分心的影响”。不仅他人在场会引起唤醒，有时其他分心物的出现，比如光线的突然照射，也会引起唤醒[31]。

纯粹在场

然而，扎荣茨认为，即使在没有评价顾忌或分心的情况下，他人的“纯粹在场”也会引发一定程度的唤醒。前面提到过动物也存在社会助长效应。这暗示在动物界普遍存在一种先天的社会唤醒机制。（动物也许并不会有意识地担忧其他动物对自己的评价。）在人类社会中，大多数跑步的人都会因为有人跟他们一起跑而受到激励，即便那些一起跑的人既不是他们的竞争对手，也不会对他们进行评价。

这里有必要提醒一下，优秀的理论具有科学上的简约性：它能简化并总结各种各样的观察结果。社会助长理论在这方面做得很好。它是诸多研究结果的简单总结。优秀的理论也应该能提供明确的预测，因而（1）有助于该理论的验证和修正；（2）指导新的研究方向；（3）提出实用建议。社会助长理论已经明确地提出了前两种预测：（1）该理论的基础（他人在场会引发唤醒，而这种社会唤醒会促进优势反应）已经得到证实，而且（2）该理论给这一沉寂已久的研究领域带来了新的生机。

预测是否也能用于实际（3）？我们能做一些有根据的猜测。

在许多新写字楼里，宽敞、开放的办公区已经替代了私人办公室。意识到他人在场是否有助于促进熟练任务的表现，但会干扰对复杂问题的创造性思维？你还能想到其他可能的应用实例吗？

7

人多使责任减轻

在拔河比赛中，八个人一队的队员们使出的力气，与他们各自参加单人拔河比赛所使出的最大力气总和一样大吗？如果不一样，原因何在？

社会助长效应通常发生在人们为个人目标而行动，例如缠鱼线或解答数学题，受到他人对其个人努力做出评价之时。上述情境与日常生活的某些工作情境类似。但是，当大家为同一个目标共同努力，并且个人不对群体努力的结果负责时，人们会有怎样的表现呢？如集体拔河比赛、集资筹款（用一起卖糖果的收入来支付班级旅行费用）、计算班级总分的比赛项目（所有学生的得分都一样）等都是很好的例子。在这样的“群体加总任务”（群体成就依赖于成员个人努力的总和）中，团队精神能否提高效率？作为一个团队一起工作时，泥瓦匠们会比他们单独工作时更快吗？实验室模拟研究是找到这些问题答案的一种方法。

人多好办事

近一个世纪以前，法国工程师马克斯·林格曼发现，群体拔河中人们努力的总和只有个人单独努力之和的一半[1]。这表明，与“人多力量大”的普遍观念恰恰相反，群体成员在完成累加任务时受到的激励实际上可能较小。不过，糟糕的表现或许源于糟糕的合作——人们一起拉绳子时，用力的方向和时间可能稍有差异。由英厄姆[2]领导的一个马萨诸塞研究小组巧妙地解决了这一问题，他们让单个参与者认为其他人在与自己一起拉绳子，而实际上只有参与者一个人在拉。蒙着眼睛的参与者们被安排在如图7-1所示装置的第一个位置，研究者要求他们：“尽你的全力去拉。”结果发现，如果他们知道自己是一个人在拉，那么使出的力气会比认为身后还有2到5个人和自己一起拉时多出18%。

研究者拉坦等人[3]一直留意研究这种减少努力现象的其他方法，这种现象他们称为**社会懈怠**（social loafing）。他们观察到，6个人一起尽全力叫喊或者鼓掌所发出的响声还不到1个人单独所发出响声的3倍。就像拔河比赛一样，制造响声的任务也很容易

图 7–1 拔河装置。在拔河实验中，站在第一个位置的人如果认为后面的人在和自己一起拉，那么他使出的力气就变小了。[4]

受群体低效的影响。所以拉坦及其合作者沿袭了英厄姆的方法，他们使俄亥俄州立大学的学生认为其他人在与自己一起叫喊或者鼓掌，而实际上只是单独行动。

他们的方法是这样的：让 6 名学生蒙上眼睛围坐成半圆形，给他们戴上耳机，从耳机可以听到一阵阵的叫喊或者鼓掌声。这样，学生就听不见自己的叫喊或鼓掌声，更不用说其他人的声音了。在各试次的实验中，研究者或者要求他们单独叫喊或鼓掌，或者要求他们与群体一起做。了解这个实验的人可能会猜测，与他人一起行动时参与者会叫得更响，因为他们受到的抑制会减少[5]。而实际结果却证实了社会懈怠的存在：如果参与者认为自己正与其他 5 个人一起叫喊或鼓掌，那么他们所发出的响声是认为自己单独做时响声的 2/3。即使参与者是高中的拉拉队队长，她们相信自己正和大家一起而不是自己一个人欢呼，也会发生社会懈怠[6]。

政治学家斯威尼[7]对社会懈怠对政策的启示感兴趣。在得克萨斯大学进行的一个骑车实验中，他观察到社会懈怠现象。当学生知道要对自己单独评价（以输出的电量来计量）时，与认为自己的成绩要与其他骑手的成绩加在一起时相比，前一种情况他们踩健身车更卖力。在群体条件下，人们易受诱惑对群体努力**搭便车**（free-ride）。

从该研究以及其他 160 项研究[8]中，我们可以看到，引发社会助长效应的心理力量之一（即评价顾忌）发生了逆转。在社会懈怠实验中，个体认为只有当他们单独行动时才会受到评价。群体情境（拔河、喊叫等等）减弱了个体的评价顾忌。如果人们无须单独为某事负责或者无法评价其个人的努力，责任就会分散给所有群体成员[9]。相形之下，社会助长实验则增强了个体的评价顾忌。一旦成为注意的焦点，人们就会自觉监控自己的行为[10]。所以，受人观察，个体的评价顾忌会增强，社会助长就发生了；而消失在人群中，个体的评价顾忌就会减弱，社会懈怠就发生了（图 7-2）。

激励小组成员的一种策略是使个体的表现变得可以识别。有

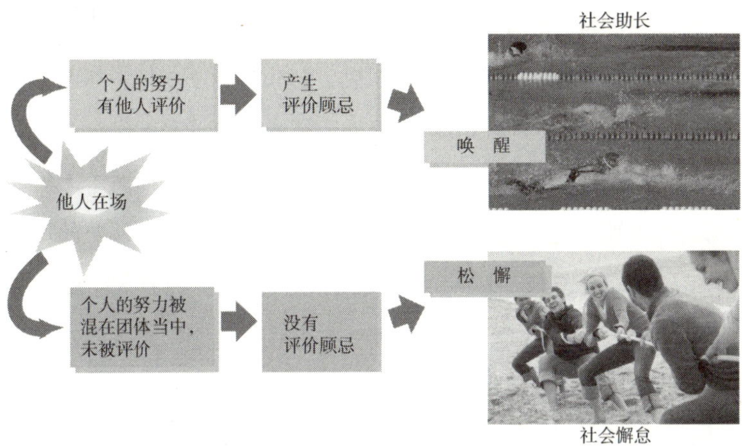

图 7–2 社会助长还是社会懈怠？如果无法对个体进行评价或者个体无须为某事单独负责，则更可能发生社会懈怠。单个的游泳选手是由她赢得比赛的能力来评价的。而拔河比赛中，团队中的任一队员均无须对比赛输赢负责，因而任何一个队员都可能会放松或懈怠。

些橄榄球教练通过录像对每个运动员进行个别评价的方法来达到这一目的。无论是否置身于群体中，当个体的表现可以单独评价时，人们会更为努力：大学游泳队内部成员接力赛中，如果有人监控队员并且单独报出每个人的成绩，那么队员游得更快[11]。

日常生活中的社会懈怠

社会懈怠有多普遍？在实验室研究中，社会懈怠现象不仅在拔河比赛、蹬自行车、叫喊和鼓掌等任务中发生，同时也出现在抽水或抽气、评价诗歌或社论、提出想法、打字和信号探测等任务中。这些一致的研究结果能否推广到人们的日常工作中去？

一个对流水线工人所做的小实验发现，一旦可以对个人的表现进行单独评价，即使他们知道没有额外的报酬，其制造的产品仍然增加了 16%[12]。又如，泡菜厂的工人们本应只将大个的泡菜塞进罐子里。但因为这些罐子随后被混在一起（也没人检查他们个人的工作），工人们常常会随便把任何大小的泡菜都塞进罐子。威廉姆斯等人[13]指出，关于社会懈怠的研究建议“使个人的产出可以识别，并且提出问题：‘假如工厂只按照包装合格的泡菜付给工人工资，那么一个工人能装多少泡菜呢？’”

研究者还发现，社会懈怠的现象在各种文化中都有存在的证据，特别是在评估集体主义国家的农业产量时尤其如此。苏联集体农场里的农民今天耕作这块土地，明天耕作另一块土地，对任何一块土地都很少有直接的责任。农民自己只有一块很小的私有土地。调查分析发现，虽然农民的私有土地只占农业用地的 1%，但其产出却占苏联农场全部产出的 27%[14]。在曾经的匈牙利，农民的私有土地只占农场的 13%，但其产量却占了总量的 1/3[15]。为了将报酬与产量挂钩，今天俄罗斯的许多农场都已经不再“集体化”[16]。

那么其他集体主义文化中是否存在社会懈怠现象？拉坦等人[17]在日本、泰国、印度和马来西亚重复了制造响声的实验。他们发现了什么？社会懈怠在这些国家同样明显存在。不过，后来在亚洲进行的17项研究显示：集体主义文化的人的确会出现社会懈怠，但比个体主义文化的人少[18]。我们曾提及，对家庭和工作群体的忠诚在集体主义文化中盛行。同样，女性往往不如男性个人化——其社会懈怠也比男性少。

北美有些工人不向工会或行业协会交会费也不参加志愿工作，却往往非常乐于接受工会的福利。那些不响应公共电视台筹款动员的观众们也是如此。这暗示了社会懈怠的另一种可能解释。如果不管个人对群体做出多少贡献，报酬都是平均分配，那么所得报酬多于劳动付出的人就等于搭了集体的便车。因此，人们就会想在自己的努力没有被单独监控或者单独奖励的时候偷懒。用一个社员的话来说，欢迎搭便车的社会就是“寄生者的天堂”。

当然，群体性的工作并不总会引发个体的偷懒行为。有时群体目标极具吸引力，又需要每个人都尽最大的努力，这时团队精神会维持并且增强个人的努力。在奥运会划艇赛中，单个选手参加八人一组的群体划艇赛会比单人或双人比赛更不卖力吗？

证据表明，他们肯定会卖力。当任务具有挑战性、吸引力、更为投入的特点时，群体成员的懈怠就会减弱[19]。面临挑战性的任务时，人们可能会认为自己的努力是必不可少的[20]。在游泳接力赛中，为了争夺奖牌，最后接力的游泳选手往往比个人比赛时游得还要快[21]。

如果群体成员彼此都是朋友或者都很认同自己的群体，认为

波士顿查尔斯河赛舟会中的团队合作。当人们结成小组工作而个人的努力又无法单独评价时，就会产生社会懈怠——除非任务具有挑战性、吸引力或更为投入的特点，或者小组成员彼此都是朋友。

与群体不可分割，那么懈怠也会减弱[22]。甚至仅仅期望再次与某人互动都能增加团队的干劲[23]。与你经常见面的同学合作完成一个班级项目，相较于与那些你从来都不期望再见面的人合作，你可能会觉得前者更有动力。凝聚力增强了个人努力。

上述研究结果与对日常工作群体的研究是一致的。当给予群体挑战性的目标时，当群体成员会因群体的成功而获得奖励时，当他们对“团队”有奉献精神时，成员们就会努力工作[24]。保持小规模的工作群体也有助于使成员们相信自己对群体的贡献必不可少[25]。因此，如果群体成员一起工作，而又无须个人单独负责，社会懈怠就较普遍。这种情况下，人多未必力量大。

8

人多敢行动

2003 年 4 月，美军抵达伊拉克后，从萨达姆高压政策下“解放”的掠夺者活动猖獗。在这场疯狂的掠夺中，医院损失了床位，国家图书馆损失了上万册珍贵的手稿，图书馆被烧成废墟，大学也损失了大量的电脑、椅子甚至灯泡。位于巴格达的国家博物馆丢失了 15 000 件珍品[1]。《科学》杂志报道：“自从西班牙征服者劫掠阿兹台克和印加文明之后，还从未发生过这么严重的抢掠”[2]。一位大学院长这样描述：“暴徒成群地涌进来，来了 50 个，又走了，然后又来了一群”[3]。

这类报道——以及 2011 年发生在英国伦敦的纵火抢劫事件和 2014 年发生在美国密苏里州弗格森镇的抢劫事件——让人困

惑：这些抢劫者的道德感哪儿去了？为什么会爆发这样的行为？为什么无法预知？

很多参加暴乱的人在事后都对自己的行为感到困惑，自己到底怎么了？在法庭上，一些被捕的暴乱者对自己的行为似乎很困惑[4]。其中有一名大学刚毕业的女孩，她的母亲说，女儿因偷电视机被捕前一直在卧室哭泣。“她甚至不清楚自己为什么偷电视机。她压根就不需要电视机。”一名工科学生因在回家的路上抢劫超市而被捕，其辩护律师称，他“在那一刻迷失了自己”，现在“非常羞愧”[5]。

去个体化

社会助长实验表明，群体能引发人们的唤醒，而社会懈怠实验表明，群体会分散个体的责任。一旦唤醒和责任分散结合在一起，常规的约束就会变小，后果可能令人震惊。从轻微的失态（在餐厅里扔食物、怒骂裁判、在摇滚音乐会上尖叫）到冲动性的自我满足（集体破坏公物、纵酒狂欢、偷窃）、甚至具有破坏性的社会暴力（警察暴力、暴动、私刑），人们都可能干得出来。

这些失控行为有一个共同点：它们一定程度上是由群体的力量引发的。群体能带来兴奋感，一种被超越自己的力量吸引的感觉。很难想象，单个的摇滚迷会在私人摇滚音乐会上发狂地叫喊，或者单个的警察会殴打一个手无寸铁的罪犯或嫌疑人。正是置身于群体情境中，人们更可能抛弃道德约束，忘记个人身份，顺从于群体规范，简言之，变得**去个体化**（deindividuated）[6]。什么环境会引发这种心理状态呢？

群体规模

群体不仅能引发成员的唤醒状态，也能使成员难以识别。尖叫的人群掩盖了尖叫球迷的个体身份。滥用私刑的暴徒组织会使成员认为自己不会受到控诉，他们把自己的个体行为视为群体行

去个体化：在 2011 年英格兰发生的暴乱和劫掠中，黑暗、头盔和面罩给暴民们带来了匿名性，加之群体的社会唤醒，使暴民们无拘无束，事后，有些被捕的暴民表示对自己的行为感到很困惑。

为。置身于一群暴民之中而看不清面容的抢劫者会肆意地抢掠。一项研究分析了 21 起人群围观跳楼或者跳桥事件[7]，如果人群较小并且发生在白天，人们通常不会起哄高喊“跳啊！”诱劝当事人往下跳。但如果人群较大或夜幕使人们获得匿名性，那么围观的人群往往会诱劝当事人往下跳并且冷嘲热讽。

在使用私刑的暴徒群体中也存在类似的效应：暴徒群体规模越大，成员越可能失去自我意识，变得乐于实施诸如纵火、砍人、肢解等暴行[8]。

从体育观众到滥用私刑的暴徒，所有这些例子中，个体的评价顾忌都直线下降。人们的注意力集中在情境而非自身之上。并且因为“每个人都这样做”，所有人都会把自己的行为责任归因于情境而非自己的自主选择。

匿名性

我们怎样才能断定人群带来了匿名性？我们做不到。但是我们可以就匿名性设计一个实验，看看它是否真能削弱人们对行为的抑制。津巴多[9]从他的本科生那里获得了此类实验的灵感。学生问他，在戈尔登的《蝇王》中，那些原本善良的男孩为什么在脸上涂上涂料后突然变成了恶魔？为了用实验考察这种匿名性，津巴多让纽约大学的女学生穿上一样的白色外套和帽兜，很像三 K 党的成员（图 8-1）。然后让她们按键对另一名女生实施电击。

图 8-1 在津巴多的去个体化研究中，匿名女生给无助的受害者实施的电击时间要比可识别的女生更长。

结果发现，她们按键的时间是那些可以被人看见并且身上贴着很大名字标签的女生的两倍。甚至昏暗的光线或戴墨镜都可以使人们知觉到的匿名性增强，因而使人更愿意欺骗或做出自私的行为[10]。

互联网也提供了类似的匿名性。几百万惊愕于巴格达暴徒劫掠行径的人，自己却在利用网上的共享软件匿名地下载盗版音乐。因为这样做的人实在太多了，所以他们几乎不会认为，下载别人版权所有的音乐到 MP3 播放器里有什么不道德的，也很少担心被抓。网络霸凌者可能永远不会当着人的面说“别傻了，你这骗子”，他们匿名隐藏在虚拟世界中。为了自身信誉，脸书要求用户使用真实姓名，这样就限制了霸凌的、充满仇恨的或煽动性的言论。

在几起互联网案例中，匿名在线的旁观者煽动那些威胁要自杀的人，甚至现场直播给许多人观看。一位分析科技之社会影响的学者指出，网络社区“就像那些在楼下围观跳楼者的人群一样”[11]。有时有爱心的人会试图劝说跳楼者下来，但同时另一些人却叫嚣着“跳、跳”。该学者认为“网络社区的匿名性只会使网民们变得更大胆，做出卑劣与冷漠之举”。

埃利森等人[12]在大街上检验了去个体化现象，他们雇了一名司机当研究助手，让她遇到红灯时停车，只要后面跟着敞篷车或者四驱汽车就再等 12 秒开车。在等待的时候，她记录后面车辆所发出的喇叭声（一种轻微的攻击行为）。与顶盖打开的四驱汽车及敞篷车的司机相比，那些把顶盖放下的司机是匿名的，他们鸣喇叭的时间要比前者早 1/3，而且频率和持续时间也是前者的两倍。匿名性滋生了不文明行为。

迪纳[13]领导的研究小组在群体情境和身体匿名情境中巧妙地证实了去个体化效应。在万圣节前夕，他们在西雅图观察了 1 352 个孩子玩“不给糖就捣乱”的游戏。当那些孩子单独地或结伴走进分散在全城的 27 个家庭中的一家时，会有一名研究者热情地招待他们，邀请他们“从这些糖果里拿一粒”，然后就把糖果留下离开了。隐藏在暗处的研究者注意到，结伴的孩子们多拿糖果的可能性是单独孩子的两倍多。而且，那些匿名的孩子违

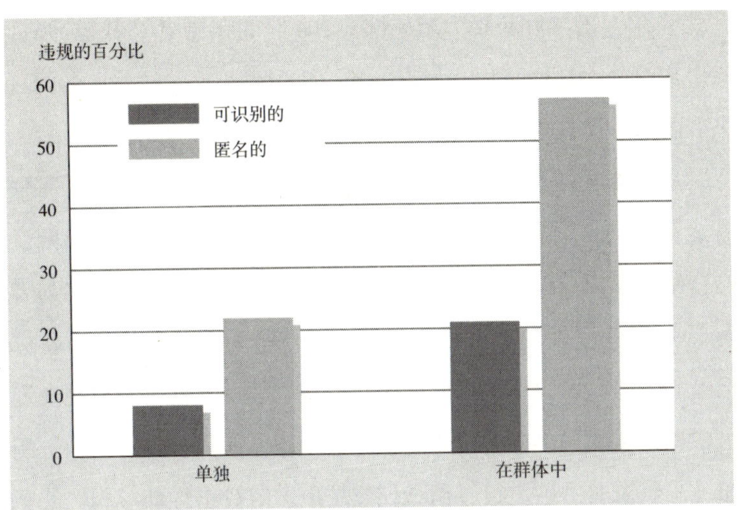

图 8–2 在群体中或者匿名时，尤其是在被群体掩盖而具有匿名性的情况下，孩子们更可能违规，偷拿额外的万圣节糖果。[14]

规的可能性也是那些被问及姓名和住处的孩子的两倍多。如图 8-2 所示，违规率随着情境的不同而迥异。当孩子们因群体的掩盖和匿名性而去个体化时，大多数孩子会偷拿额外的糖果。

这些研究使我们想知道统一着装的效果。在准备作战时，一些部落的战士（像一些狂热的体育迷一样）会用涂料涂抹自己的身体和脸孔，或者戴上特殊的面具，使自己去个体化。战斗结束后，有一些部落会虐待或杀死任何幸存的战俘，还有一些部落会关押战俘。沃森[15]仔细研究了一些人类学档案后发现，那些去个体化的部落的战士几乎都会对敌人施以暴行。西尔克[16]发现，在北爱尔兰的 500 起暴力攻击中，206 起的袭击者都戴着面具、头巾或其他面部伪装物。与未伪装的攻击者相比，这些匿名的攻击者制造的伤害更严重，攻击的人员更多，破坏的财物也更多。

身体匿名性是否总能释放人们最邪恶的冲动呢？所幸的是，答案是否定的。在所有这些情境中，人们只是在对一些明显的反社会线索做出反应。约翰逊和唐宁[17]指出，津巴多实验的参与者类似三 K 党成员的装扮可能是引起敌意行为的刺激线索。在佐治亚大学进行的这样一个实验中，研究者要求女性参与者在决定应该给他人实施多强的电击之前穿上护士制服。即使穿上护士制服使参与者具有匿名性，但她们实施电击时攻击性却减弱。波斯特梅斯和斯皮尔斯[18]对 60 项去个体化研究做了分析，得出这样一个结论：匿名性使个体的自我意识减弱，群体意识增强，对情境线索的反应性更强，无论线索是消极的（三 K 党制服）还是积极的（护士制服）。

唤醒和分心活动

大群体在爆发出攻击行为之前常常会发生一些引起人们唤醒或者分散注意力的小事件。集体喊叫、高歌、鼓掌或跳舞，既可以令人们热情似火，又能减少其自我意识。

实验表明，像扔石头、小组合唱此类活动能成为其他去抑制行为的铺垫[19]。当人们看到别人和自己做出同样的行为时，会对自己冲动行动产生一种自我强化的愉悦感。当我们看到别人与自己一样行动时，会认为他们的感受与我们一样，这又会强化我们自己的感受[20]。而且，冲动的群体行为能吸引我们的注意力。当我们冲着裁判大喊大叫时，并不会想到我们自己的价值观，而只是对情境做出的一种即时反应罢了。随后，当我们停下来思考自己言行时，有时会觉得懊恼。还有一些时候，我们会主动寻求去个体化的群体经历，如跳舞、宗教体验和团队运动等等，从中我们能体验到强烈的积极情感以及与他人的亲近。

弱化自我意识

能弱化自我意识的群体经历通常能割裂个体的行为和态度。研究者[21]发现，缺乏自我意识、去个体化的人不易受约束，更难自律，更可能在不考虑自己价值观的情况下就采取行动，对情境的反应性也更强。这些研究结果可以补充和印证**自我意识**（self-awareness）实验。

自我意识是去个体化的对立面。通过站在镜子或者摄像机前来唤起自我意识的人，会表现出更强的自控力，而且他们的行动也更清晰地反映了他们的态度。如果人们在镜子前品尝各种奶酪，就会更少地吃高脂奶酪[22]。

自我意识被唤起的人也不太可能进行欺骗[23]。那些通常有强烈的自我意识、认为自己特立独行的人也不太可能欺骗[24]。在日本，人们更经常想象自己在他人面前的形象，所以镜子的出现对欺骗行为没有影响[25]。这里的原理是，具有自我意识或者暂时有自我意识的个体，其事外言论与事中行动表现出更大的一致性。

这些研究结果可以应用到日常生活中的诸多情境。诸如喝酒此类情境会减弱个体的自我意识，从而增强个体的去个体化[26]。能够增强自我意识的情境，比如镜子和摄像机、小城镇的居住环境、明亮的光线、醒目的姓名标签、凝神静思、个性化的着装和房屋，可使去个体化会减弱[27]。当一个十几岁的孩子去参加聚会时，父母的离别忠告很可能是："玩得开心，还有要记住你是谁。"换句话说，和大家一起享受欢乐的同时要保持自我意识，保持自己的个人同一性，小心去个体化。

9

群体如何强化我们的决策

很多冲突的发生都是由于冲突双方总和观念相近的人交流。群体互动通常会产生什么效果？积极抑或消极？警察暴力执法和团伙暴力都证明了群体互动潜在的破坏性。但另一方面，支持小组领导者、管理顾问和教育理论家都宣扬它的益处，而且社会和宗教活动也敦促其成员通过与志同道合的人建立联系来强化他们的身份认同。

对小群体成员的研究得出了一条原理：群体讨论通常会强化其成员最初的倾向。它有助于我们对积极和消极这两种结果做出解释。**群体极化**（group polarization）研究的展开说明了科学探索的过程，即有趣的科学发现往往会导致研究者草率地得出错误的结论，而最终这些结论又为更准确的结论所取代。作为该领域的研究者之一，我可以与大家直接讨论这一科学谜题。

“风险转移”的案例

有超过 300 项研究始于一项惊人的发现，它的提出者詹姆斯·斯托纳[1]当时是麻省理工学院的一名研究生。在他的管理学硕士论文中，斯托纳对人们普遍认同的一种看法——群体比个人在决策时更为谨慎——进行了研究。他设计了一些决策时的两难情境，参与者的任务是建议假想的人物应该在多大程度上承担风险。假设你自己也是其中的一名参与者，在以下的情境中，你会给海伦什么样的建议？*

> 海伦是一名很有创作天赋的作家，但是迄今为止她都是依靠写通俗的西部小说过着舒适的生活。最近她突然萌生了一个念头，想要写一部可能会产生重大影响的长篇小说。如果这部小说能够完成并且被人们接受的话，可能会在文坛产生举足轻重的影响，而且可以极大地推动她事业的发展。另一方面，如果她的想法最终没能实现，又或者这部小说是一

---

* 该题目是为我自己的研究而构建的，它说明了斯托纳所提出的决策的两难困境。

部失败之作，那么她将耗费大量的时间和精力而得不到任何回报。

设想你正在给海伦提建议。你认为成功的概率至少要达到多少，海伦才应该尝试写这部小说？请在相应的地方打钩。

如果这部小说取得成功的概率至少为_____，海伦应该尝试写这部小说。

_____1/10

_____2/10

_____3/10

_____4/10

_____5/10

_____6/10

_____7/10

_____8/10

_____9/10

_____10/10（如果你认为海伦只有在确信这部小说绝对会成功的情况下才应该尝试写这部小说，请在这一项的前面打钩。）

当你做出决定后，猜猜本书的读者平均而言会给出怎样的建议。

在参与者对 12 个此类问题各自给出自己的建议后，研究者会安排 5 个人左右在一起进行讨论，并让他们就每一个问题达成共识。你认为群体决策与讨论之前所有人单独决策所得的平均值相比，会有什么差别呢？群体会倾向于冒更大的风险？还是更为谨慎？抑或与个体没有差别？

令所有人惊讶的是，群体决策往往更具风险性。这一“风险转移现象”引发了一股研究群体冒险性的浪潮。这些研究发现，风险转移不仅发生在群体需要达成共识时，在一次短暂的讨论之后，个体也会改变他们之前的决定。此外，研究者选取不同年龄、不同职业和不同国家的参与者，都得出了与斯托纳的研究相同的结果。

在讨论中，不同的看法会趋于统一。但奇怪的是，人们趋于统一所得出的观点往往比他们各自最初的观点的平均值更倾向于冒险。这是个有趣的谜题。这种小的风险转移效应是可信的，也是意料之外的，并且没有任何明显的解释。群体影响的何种因素可以产生此效应？这种效应有多普遍？陪审团、商业委员会以及军事机构中的各种讨论是否也会促进人们的冒险行为？如果以死亡率作为衡量标准，在车上有两名同伴的情况下，十六七岁的年轻人鲁莽驾车的可能性几乎是车上没有任何同伴时的两倍[2]，这是否能用这一效应来解释？股市泡沫是否也可以用它来解释？因为人们会讨论股市为什么上涨，从而产生了一种信息瀑布，进而推动股市进一步走高[3]。

在数年的研究之后，我的同事和我发现，风险转移并不普遍。在我们设计的一些两难困境中，人们在讨论之后会变得更为谨慎。

其中一个情境的主人公名叫罗杰。罗杰是一名已婚的青年男子，他有两个处在学龄期的孩子，有一份稳定但薪酬不高的工作。他能负担得起必需的生活用品，但对奢侈品就不敢奢望了。他听说一家不怎么有名的公司推出了新产品，如果销路很好的话，这家公司的股票就会迅速升值为以前的三倍；但是，如果新产品卖不出去的话，股票价格就会大幅下跌。罗杰没什么积蓄，为了投资这家公司，他正考虑卖掉自己的人寿保险。

你能看出一条普遍的规律，它既能预测人们在讨论了海伦的情境之后倾向于给出更为冒险的建议，也能预测在讨论了罗杰的情境之后却倾向于给出更加谨慎的建议吗？如果你和大多数人一样，你就会建议海伦而不是罗杰去冒更大的风险，甚至在和其他人讨论之前即是如此。事实上讨论在很大程度上会加强人们最初的看法。因此，对“罗杰”两难困境的讨论会让群体比讨论前更不愿意冒险[4]。

群体会强化我们的观点吗

意识到这种群体现象并不总是朝冒险的方向偏移之后，我们对这一现象有了新的认识：群体讨论倾向于使群体成员最初的观点得到加强。这种观点促使研究者们提出一个被法国心理学家莫斯科维斯和扎瓦罗尼[5]称为群体极化的概念：讨论通常会强化群体成员的普遍倾向。

群体极化实验

这种对群体引发的变化的新认识，促使研究者在实验中组织人们讨论大多数成员都赞同或反对的观点。群体交谈是否会加强成员共同的初始倾向？在群体中，是否冒险者会表现得更加冒险，顽固者会更为敌对，乐善好施者会更加慷慨？这些正是群体极化理论所预言的（图 9-1）。

很多研究证实了群体极化的存在。

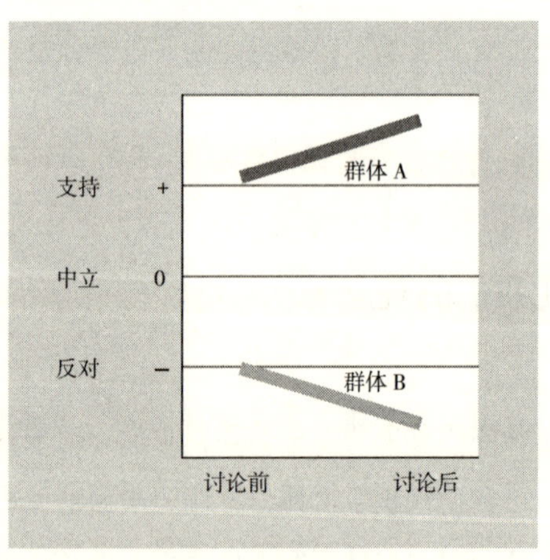

图 9–1　群体极化。群体极化理论预测群体讨论会强化群体成员的共同态度。

- 莫斯科维斯和扎瓦罗尼[6]观察发现，讨论强化了法国学生原本对法国总统所持的积极态度，同时也强化了他们原本对美国人所持的消极态度。
- 矶崎[7]发现，日本大学生集体讨论了某起交通事故后，给出了更明确的“有罪”判决。如果陪审团成员们倾向于赔偿损失，群体讨论所提出的赔偿金额往往会高于陪审团成员单独提出的赔偿金额的中位数[8]。
- 马库斯·布劳尔等人[9]发现，法国学生在讨论了对某些人共同持有的消极印象后，会更加讨厌这些人。

另一种研究策略是选择一些观点存在分歧的问题，然后把持有不同观点的人们分隔开，把观点相同的人们安排在一起。观点相似的人们在一起讨论是否会强化他们共同持有的观点？讨论是否会加深两种不同态度之间的鸿沟？

乔治·毕晓普和我对此都很好奇[10]。因此，我们设立了两个不同的群体：相对有种族偏见的高中生和无种族偏见的高中生。我们要求他们在讨论前后对某些涉及种族态度的问题（例如财产权相对于不同种族混合居住）做出反应。我们发现，志同道合的学生之间的讨论确实可以加大两个群体之间最初观点的差异（图9-2）。此外，杰茜卡·基廷及其合作者[11]报告说，人们在日常生活中往往意识不到这种现象。当一小群观点相似的人在讨论奥巴马和小布什谁是更好的总统时，他们都低估了群体讨论使自身态度发生极化的程度（他们记错了自己之前的态度）。

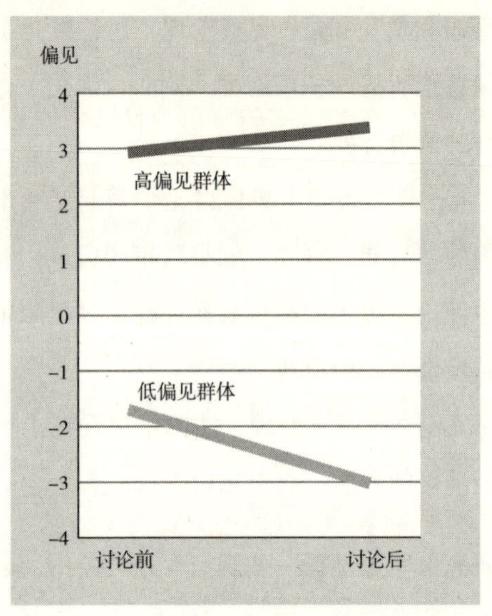

图 9–2 高中生讨论种族偏见时出现的群体极化。讨论加剧了高偏见和低偏见高中生同质群体之间的两极分化。谈论与种族相关的问题增加了高偏见组的种族偏见，降低了低偏见组的种族偏见。[12]

在英国和澳大利亚进行的研究证实，群体讨论可以放大积极或消极的倾向。当人们对某一群体（例如移民）有着共同的消极印象时，讨论会支持他们的消极印象，增强他们对该群体的歧视[13]。而当人们共同关注不公正的行为时，讨论可以增强他们对道德的关注[14]。

日常生活中的群体极化

在日常生活中，人们大多与观点与自己相似的人交往。（看看你自己的朋友圈子就知道了。）与观点相似的朋友的日常团体互动是否会强化大家共有的观点？这样是否会令讨厌的人变得更加可恶，纯真的人变得更加纯真，叛逆的人变得更加叛逆？

的确如此。埃莉诺·麦科比[15]指出，男孩群体和女孩群体的自我隔离增加了他们最初并不显著的性别差异。男孩们在一起玩时，会渐渐变得更加富于竞争性和以行动为导向。而女孩们在一起玩则会变得更加以关系为导向。

斯凯德和森斯坦[16]发现，在美国联邦上诉法院审理的案件中，共和党总统任命的法官倾向于像共和党人一样投票，而民主党总统任命的法官则倾向于像民主党人一样投票。这没什么可奇怪的。但观点相似的法官在一起时，这种倾向更加明显。“一名由共和党任命的法官在和其他两个共和党法官一起投票时，要比与至少一名由民主党任命的法官一起投票时保守得多；而同时，由民主党任命的法官在相反的意识形态方向上也表现出类似的倾向。”

学校中的群体极化

在现实生活中，与实验室类似的另一种群体极化现象是教育研究者所称的“加重”效应：随着时间的推移，大学生群体之间最初的差异会增大。如果X大学一年级的学生一开始就比Y大学的学生更聪明，那么到他们毕业时，这个差距可能会加大。类似地，与兄弟会和姊妹会的成员相比，未参加社团的学生往往持更自由的政治态度，这一差异在大学里随着时间的推移而增大[17]。研究者认为这个结果在一定程度上是由于群体成员会强化他们彼此共同的态度倾向。分歧逐渐缓和；共识逐渐极化。

社区中的群体极化

因为人们的自我隔离，极化现象也发生在社区。布鲁克斯[18]发现："自由前卫的地区……吸引自由前卫的人，并变得更加自由和前卫，保守的地区……吸引保守派，并变得更加保守。"社区能够成为回音壁，让观点在志趣相投的朋友之间流转。

给社会心理学家一个观点相似的群体，且群体成员主要在内部互动，他们会向你展示一个可能会变得更为极端的群体。一项实验在科罗拉多州招募了多个小群体，一些来自偏自由主义的博尔德市，另一些来自偏保守主义的科泉市。讨论使群体内部对全球变暖、平权法案和同性婚姻等话题的态度更趋一致。不过，博尔德市的人一般向更左的方向聚合，而科泉市的人一般向更右的方向聚合[19]。

由于社区起了政治回音壁的作用，美国的极化现象正变得越来越严重。从1976年到2008年，美国在选举中一边倒（即将60%或以上的选票投给一位总统候选人）的县的百分比几乎翻倍[20]。那些刚入学的大学生在政治上宣称自己是“中间道路”的比例从 1983 年的 60% 下降到 2013 年的 46%；相应地，宣称自己偏左或偏右的学生比例在增加[21]。

在实验室研究中，当游戏双方为群体时，群体之间的竞争关系和猜疑，往往甚于个体在与他人玩游戏时经常表现出的竞争关系和不信任[22]。在实际的社区冲突中，想法相似的人们会逐渐联合起来，他们共同的倾向也因此得以加强。帮派犯罪产生了街头团伙内部的相互强化过程，其成员往往具有共同的属性和敌意[23]。莱肯[24]总结道：“如果在你的街区住进来了第二个无法管束的 15 岁少年，他们作为一个团伙所带来的破坏性可能并不仅仅是第一个不良少年破坏性的两倍……团伙的危险性远远大于其个体成员的总和。”

确实，根据维齐和梅斯纳[25]的报告，缺乏监管的同龄人群体是社区犯罪受害率最有力的预测指标。而且，实验发现，将未成年违法者和其他少年犯放在同一个群体中——不出任何一个群体极化的研究者所料——会增加问题行为的发生率[26]。

互联网上的群体极化

从印刷机的发明到越来越多的有线电视频道，再到互联网，可获取的信息量激增。过去，人们只能从为数不多的广播电视网络和全国性的新闻杂志、报纸上获取内容相同的信息；而今天我们则可从各种各样的资源中选择符合自己喜好的信息。由于有了如此多的选择，我们自然会“选择性地接触”与我们观念类似的媒体。我们会喜欢那些支持自己看法或抨击我们所鄙视之人的媒体报道。（告诉我们你平常浏览哪些媒体，我们就能猜出你的政治意识形态。）

由于我们选择性地阅读博客和访问聊天室，互联网是否会令我们走进一个个“共同思想的部落”？进步派人士是否只与进步派人士“交朋友”，并分享进步主义观点的链接？而保守主义者是否只与保守主义者建立联系，并将彼此与保守主义观点联系起来？如果是这样的话，互联网上相互隔离的社区是否会加剧社会分裂和政治极化？互联网上无数的虚拟群体使和平主义者和新纳粹主义者、极客（geek，即技术宅男）和哥特族、阴谋家和癌症幸存者都能与之观念相同的人抱成团，为共同的关注、兴趣和疑问找到支持[27]。

有研究证实，大多数人会阅读那些强化而非挑战自身观点的博客，而这些博客大多又链接到其他观点相似的博客——自由派的博客与自由派的博客相连，保守派的博客与保守派的博客相连——这就好像自说自话一样[28]。最终结果是，当今世界的政治极化——人们鄙视政治观点相反的人——要比种族极化严重得多[29]。更多的信息加深了而不是缓和了党派分歧。罗伯特·怀特[30]指出，电子邮件、搜索引擎和网络聊天室“提供了一种便利条件，使思想相同的人聚集起来，使零散的仇恨更加明确，也能够动员致命的武装力量。”和平主义者变得更加反战，而民兵组

"在互联网出现之前，我完全以为只有我才这样，
几乎都是自己来承受。"

织变得更有恐怖主义倾向。一项分析表明，恐怖主义网站的增长速度——从 1997 年的 10 来个激增到 2005 年末的约 4 700 个——要比网站总数的增长速度快四倍多[31]。此外，人们在"暗网"论坛上花费的时间越长，所发信息就越暴力[32]。据报道，波士顿马拉松爆炸案的袭击者塔梅尔兰和焦哈尔·察尔纳耶夫就是通过接触互联网而变得"自我激进化"[33]。

恐怖组织中的群体极化

在对全世界的恐怖组织进行分析后，麦考利和西格尔[34]指出，恐怖主义并不是突然间爆发的，而是一些人因为共同的不满走到一起，怒火被点燃，于是恐怖主义便产生了。由于不与温和派进行交流，他们变得越来越极端。社会放大器将信号变得更为强烈。其结果是，个体成员做出了在远离群体时决不会做的暴力行为。

举例来说，“9·11”事件中的恐怖分子就是长期受到这种与思想相近的人互动而产生的极化效应的影响。美国国家研究委员会的专家称，成为恐怖分子的过程将个体与其他信念系统隔离开来，将潜在的目标去人性化，不容忍任何异议[35]。随着时间的推移，群体成员开始将世界分为“我们”和“他们”两类[36]。阿里尔·麦若瑞[37]是一位中东和斯里兰卡自杀式恐怖主义的研究者，他认为自杀式恐怖事件产生的关键因素就是群体过程。“据我所知，还从未出现过因个人一时兴起而导致的自杀式恐怖事件。”

根据一项对萨拉菲圣战组织（伊斯兰原教旨主义运动，包括基地组织）的恐怖分子的分析，他们中70%的人是以外籍身份加入的。他们在为了寻找工作或求学而移居国外之后，开始敏锐地意识到自己的穆斯林身份，常常去清真寺，与其他移居国外的穆斯林往来，有时应征加入很小的群体，这些群体为他们提供“相互的情感和社会支持”并“培养了他们共同的认同感”[38]。“伊斯兰国”的一名高级武装分子报告称，他所发起的运动是在伊拉克的一所美国监狱里酝酿的：“如果伊拉克没有美国监狱，就不会有今天的“伊斯兰国”。监狱就像一个工厂，让我们变成现在这个样子。它建立了我们的意识形态……让我们有那么多时间可以坐下来仔细谋划，简直就是一个完美的环境”[39]。

同样,大屠杀也是群体现象。作为二战华沙空袭的幸存者(其双亲在此次空袭中丧生)，罗伯特·扎荣茨对暴力有着深刻的认识[40]。他指出，暴力的产生和升级都是由于杀人者相互怂恿[41]。波斯特[42]在访谈了很多被指控的恐怖分子后指出，个体一旦处于“恐怖主义群体的高压之下”，就很难受到其他因素的影响。“长期来看，最有效的反恐政策是首先控制恐怖组织的征募活动。”

对群体极化的解释

为什么群体会采取比其普通的个体成员更为夸张的立场？研究者们希望，解开群体极化之谜可以为研究群体影响提供一些思路。解答小谜题有时候会为解答大谜题提供线索。

在研究者提出的几种群体极化理论中，有两种已为科学实验所证实。其中一种着眼于讨论中提出的论点，是信息性影响（因接受关于现实的证据而产生的影响）的一个例子；另一种则涉及群体成员如何看待自己与其他成员的关系，是规范性影响（基于人们希望被他人接受或钦佩的愿望而产生的影响）的一个例子。

信息性影响

这种得到最充分支持的解释认为，群体讨论可以产生一系列观点，其中大多数都支持占主导地位的观点。讨论中的一些观点对群体成员来说是常识[43]。其他观点可能包含一些群体成员在此之前并没有考虑到的有说服力的论点。当讨论作家海伦时，或许

全国最重要金融机构中最平常的一天……

《经济学人》封面对1987年股市崩盘的描述。

有人会说："海伦应该着手去写，因为她几乎不会有什么损失。如果她的长篇小说失败了，她仍然可以像从前那样去写通俗的西部小说。"这样的说法通常是将提出者的论点和他对问题的立场混在一起。但是，如果人们不了解他人的特定立场而只是听到相关的论点，他们仍然会改变自己的立场[44]。论点本身就很重要。

规范性影响

第二种对极化的解释涉及与他人的比较。利昂·费斯汀格[45]在其具有影响力的**社会比较**（social comparison）理论中提出，我们人类会将自己的观点与他人的观点进行比较，以便对自己的观点和能力做出评价。我们最容易被"参照群体"（即我们所认同的群体）中的人们所说服[46]。而且，当我们发现其他人和自己持有相同观点时，为了使其他人喜欢我们，我们会将观点表达得更为强烈。

当我们要求人们（就像我之前要求你去做的那样）预测其他人会如何回应诸如"海伦"困境之类的问题时，他们通常会表现出人众无知（pluralistic ignorance）：他们没有意识到其他人是多么强烈地支持这种社会偏好的倾向（在这个例子中，是指写长篇小说）。即使成功的机会只有 4/10，一般人也会建议海伦写那部长篇小说，但会估计其他大部分人会选择 5/10 或 6/10。（这个发现使我们想起了自我服务偏差：人们倾向于认为自己比一般人更好地体现了社会期望的特质和态度。）当开始讨论时，大部分人都发现自己的观点并没有想象的那样出众。事实上，其他一些人比自己更为超前，对于写小说这件事采取了更为冒险的立场。于是他们不再受之前错误感知的群体规范的约束，可以更加强烈地自由表达自己的偏好。

或许你能回忆起有段时间，你想与某人发展一段恋情，但是你俩都害怕迈出第一步，以为对方对自己没有兴趣。这样的人众无知会阻碍亲密关系的发展[47]。

又或许你会回忆起曾经在一个群体中，你和其他人都很小心翼翼地沉默着，直到某个人打破沉默说道：“嗯，坦白说，我认为……”于是很快你们都惊讶地发现，原来大家都强烈地支持共有的观点。

社会比较理论引发了一系列的实验，在这些实验中人们面对的是他人的立场而不是论点。这大概就是我们在阅读一个民意测验的结果或选举日出口民调结果时的体验。如果人们了解了他人的立场——在没有事前承诺、没有讨论或分享论点的情况下——他们会调整自己的反应以迎合一个被社会认同的立场吗？这种基于比较的极化效应通常没有现场讨论所产生的极化效应那么强烈。但是，令人吃惊的是，人们并不是简单地向群体平均值靠拢，而是比其更胜一筹。

仅仅了解他人的选择也会产生随大流效应，从而使某些歌曲、书籍和电影广为流行。有研究者[48]招募了 14 341 名互联网参与者收听没听过的歌曲，如果他们愿意还可以下载。研究者将参与者随机分组，其中的一组可以看到先前参与者的下载选择。结果发现，在获得此信息的参与者中，流行的歌曲变得更加受欢迎，而不流行的歌曲变得更不受欢迎。

群体极化的研究表明了社会心理学研究的复杂性。尽管我们十分希望对某种现象的解释能尽量简洁，但一种理论很少能解释所有的数据。由于人类的复杂性，影响结果的因素常常不止一个。在群体讨论中，有说服力的论点往往决定了那些有事实成分的问题（“她是否有罪？”）。社会比较会影响那些涉及价值判断的反应（“她应该被判多长时间？”）[49]。在很多既涉及事实又涉及价值判断的事件中，这两个因素会共同起作用。发现其他人与自己有相同的感受（社会比较）会使支持每个人私下赞成的东西的论点（信息性影响）被释放出来。

群体思维

我们前面讨论的社会心理学现象是否同样会发生在公司董事会或者总统内阁这样的尖端群体中呢？在这些群体中是否存在自我合理化？是否存在自我服务偏差？是否会出现有凝聚力的“我们感觉”，进而引起从众或是对异议的压制？是否存在会引起抵制的公开承诺？是否存在群体极化现象？

社会心理学家贾尼斯[50]想知道这些现象是否有助于解释 20 世纪的美国总统及其顾问所做出的一些好的和坏的群体决策。为此，他分析了几次重大失败背后的决策过程。

- 珍珠港事件。1941 年 12 月的珍珠港偷袭事件使美国加入了第二次世界大战，事件发生之前的几个星期，夏威夷的军事指挥官收到了一条消息：日本计划袭击美国在太平洋上的某个军事据点。之后，军事情报部门失去了与日本航空母舰的无线电联系，那时航空母舰正径直朝夏威夷前进。空中侦察队本来应该能侦察出航空母舰的位置或者至少提前几分钟发出警报。但是自以为是的指挥官们决定不采取这种预防措施。结果是：在日军对这个几乎毫无防备的基地发动袭击之前，没有任何警报响起。袭击后美军损失了 18 艘舰艇、170 架飞机以及 2 400 位军人的生命。
- 猪湾事件。1961 年，肯尼迪总统及其顾问们试图利用 1 400 名由中央情报局（CIA）训练过的古巴流亡者来袭击古巴，以此推翻卡斯特罗政权。几乎所有的袭击者都很快被杀或被抓，美国颜面尽失，而且古巴与苏联结成了更紧密的联盟。在得知后果以后，肯尼迪大呼："我们怎么做出了如此愚蠢的事呢？"
- 越南战争。在 1964—1967 年间，约翰逊总统和由其政治顾问组成的"周二午餐团"将越南战争升级，因为他们预测美国的空中轰炸、空降以及搜索和摧毁行动会迫使当时的北越政府接受和谈，而南越民众出于感激也会支持和谈。尽管政府的情报专家和几乎所有美国的盟国都对他们发出警告，但他们还是继续将战争扩大化。这场灾难使近 6 万名美国人和 100 万越南人丧生，也使美国人两极分化，迫使总统下台，并造成巨额赤字，加剧了 20 世纪 70 年代的通货膨胀。

贾尼斯认为酿成这些大错的原因是，在群体决策中人们为了维护群体和谐往往会压制异议，他把这种现象称为**群体思维**（groupthink）。在工作群体中，团队精神有助于鼓舞士气并提高生产效率[51]。对群体共同的认同感可以激励人们坚持完成一个项目[52]。但在决策时，紧密的团体可能会付出代价。贾尼斯认为产生群体思维的温床包括：

- 友善的、凝聚力强的群体；
- 对异议的相对排斥；
- 指示型领导者（表示出自己对某个决策的支持）。

举例来说，在计划那次注定失败的猪湾袭击时，刚刚当选的肯尼迪总统和他的顾问们兴高采烈地组成了一个极有团队精神的队伍。对这次计划十分关键的反对观点都被压制或是排除了，总统本人很快就对这次袭击表示了赞同。

群体思维的症状表现

通过研究历史记录以及参与者和观察者的回忆，贾尼斯发现了 8 条群体思维的症状表现。这些症状表现为当群体成员遇到威胁时，为努力保持他们积极的群体感而集体性地减少不和谐的因素[53]。

群体思维的前两条症状表现往往导致群体成员高估群体的力量和权利。

- 无懈可击的错觉。贾尼斯所研究的群体都产生了一种过于乐观的情绪，这种情绪蒙蔽了他们的眼睛，使他们看不到危险警报。当珍珠港的海军总指挥金梅尔得知他们已经失去与日本航空母舰的无线电联系后，他还开玩笑说，或许日本人打算绕檀香山转一圈。事实上，日本人确实这样做了，但金梅尔对这种想法的嘲讽使人们认为这不可能是事实。
- 群体道义毋庸置疑。群体成员接受了其所在群体内在的道义，却忽略了其他的伦理和道义问题。肯尼迪团队知道基辛格顾问和富布赖特议员对袭击一个小小的邻国在道义上持保留态度，但整个群体从未考虑或讨论过这些道义上的疑虑。

群体成员还会变得思想封闭。

- 合理化。群体通过集体为其决策进行辩护来忽视挑战。比起反省和重新考虑以前的决定，约翰逊总统的周二午餐团花了更多的时间来使扩大战争的决策合理化（解释和辩护）。每个动议都是为了捍卫和辩护。

- 对对手的刻板印象。陷于群体思维的人们往往认为自己的对手太过邪恶，无法与之谈判，或者太过弱小愚蠢，难以抵挡自己精心计划的行动。肯尼迪团队自以为卡斯特罗的军事力量很薄弱，民众也只是表面支持，因此仅仅一个旅就能轻易地推翻其政权。

最后，群体承受着追求一致性的压力。

- 从众压力。群体成员会回绝那些对群体的设想和计划提出疑问的人，而且有时候这种回绝并不是通过讨论，而是针对个人的嘲讽和挖苦。有一次，当约翰逊总统的助理莫伊斯抵达会场时，总统嘲笑他说："噢，'停止爆炸先生'来了呀！"面对这样的讥讽，多数人都选择了顺从。
- 自我审查。为了避免令人不快的分歧，人们往往会保留或压制自己的疑虑。在猪湾事件之后的几个月，施莱辛格[54]说："我为自己在那些重要的内阁会议中保持沉默而深感自责。但我知道，即使当时我提出了反对意见也无济于事，而且还会给自己招来骂名，这让我的愧疚感稍稍减轻了些。"并非只有政客才这样。无论是在网络上还是面对面，当人们认为他人不同意自己的想法时，他们就不太愿意表达自己的观点[55]。
- 一致同意的错觉。自我审查和不要破坏共识的压力制造了一

所有人众口一词地表示“同意”

自我审查导致了一致同意的错觉。

种一致同意的错觉。而且，表面上的一致性更坚定了群体的决策。这种表面上的一致性在上述的三次重大军事失败中十分明显，在其他群体决策失误中也是如此。希特勒的顾问斯皮尔[56]把希特勒周围的氛围描述为：从众的压力压制了一切异议。异议的缺乏造成了一致同意的错觉。

正常情况下，背离事实的人们会很快被拉回正轨，因为他们会受到周围人的嘲弄或批评，这样他们就会意识到自己的错误。而在德意志第三帝国，没有这样的矫

正机制……没有什么外界因素能干扰人们所达成意见的一致性。(p. 379)

- 心理卫士。有些成员会保护群体，使其免受那些质疑其决策有效性和道义的信息的干扰。在猪湾事件之前，肯尼迪把施莱辛格叫到一旁，告诉他“不要把话题扯远了”。国务卿腊斯克隐瞒了外交和情报专家提出的反对袭击的警告。就这样，他们完全充当了总统的“心理卫士”，保护他远离令人不快的事实，而不是身体上的伤害。

群体思维的运作

群体思维的各种症状表现会阻止群体成员寻找和讨论对立信息以及其他的可能性（见图 9-3）。当领导者主张某种观点而整个群体又排斥异议时，群体思维就可能产生错误的决策[57]。

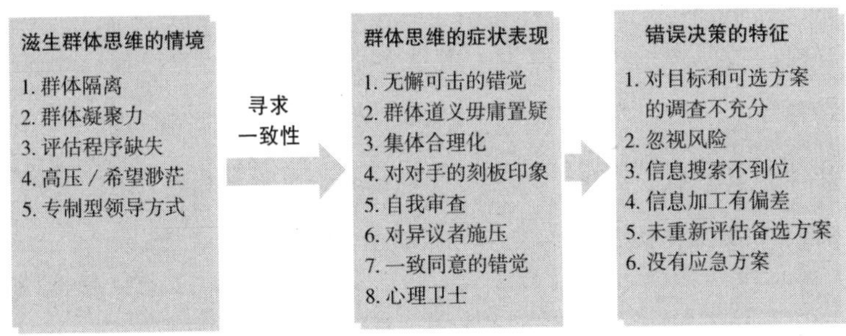

图 9-3 群体思维的理论分析。[58]

英国心理学家纽厄尔和拉格纳多[59]认为，群体思维的症状表现可能也是导致伊拉克战争的一个因素。他们指出，无论是萨达姆还是小布什，都让自己的身边围着一大群和他们有同样想法的进言者，并且他们还会迫使反对者闭嘴。此外，他们收到的大多是经过筛选的支持他们的假设的信息——伊拉克的假设是自身有能力抵抗入侵的武装力量，而美国的假设则是伊拉克有大规模杀伤性武器，伊拉克人民会将入侵的美国士兵看作是解放者，短期、和平的占领将很快为伊拉克带来繁荣的民主政治。

预防群体思维

不良的群体动力能帮助解释很多错误的决策，正如有时候厨子多了反而会搞砸一锅汤。不过，在开明的领导方式下，有凝聚力的团队精神可以改善决策。有时三个臭皮匠真能胜过一个诸葛亮。

为了找出产生良好决策的条件，贾尼斯也分析了两个成功的冒险：二战后杜鲁门政府为了恢复欧洲经济而实施的马歇尔计划，以及 1962 年肯尼迪政府对苏联意图在古巴建立导弹基地一事的处理。贾尼斯[60]提出的预防群体思维的建议就融合了这两个例子中很多有效的群体程序。

- 不偏不倚——不要支持任何立场。在群体讨论开始时不要让成员表明自己的立场，因为这样会妨碍信息共享，降低决策的质量[61]。

- 鼓励批判性评价；设置一个“魔鬼代言人”。更好的做法是欢迎真正的持不同意见者的看法，这样做更能激发原创性思维，并使群体对反对意见持开放态度[62]。
- 有时可以将群体划分成几个小组，然后再组合在一起以表达不同的意见。
- 欢迎局外专家和伙伴的批评。
- 在实施之前，召开被称为“第二次机会”的会议，让大家说出自己心中的任何疑虑。

当采用这些步骤时，群体决策可能需要更长的时间，但最终证明缺陷更少，也更有效。

10

人的力量

物理学家尼尔斯·玻尔说："真理有琐碎和伟大之分，琐碎真理的对立面显然错误，但伟大真理的对立面却依旧正确。"本书的每个模块都揭示出这样一个伟大真理：社会情境具有巨大的力量。社会情境可以解释我们的行为，前提是假定我们都像随风飘摇的墙头草那样被动。但是，我们与墙头草不同，不会完全被所处的情境左右。我们会行动，我们会做出反应。我们会做出回应并获得回应。我们可以抗拒社会情境，有时候甚至可以改变情境。这就是为什么人的力量也同样重要，同样真实。

强调文化的力量或许会令我们有些不舒服。外部力量会决定我们的行为吗？大多数人视自己为自由的生灵，是自身行动（至少比较好的行动）的主宰者。我们担心，对自身行动的文化解释会引发如哲学家让 - 保罗 · 萨特所称的“错误信念”——通过指责其他人或事物来逃避自己的责任。

事实上，社会控制（情境的力量）与个人控制（人的力量）之间的竞争并不比生物学与文化解释间的竞争更激烈。从社会和个人的角度对行为的解释都有效，因为任何时候，我们既是社会的创造物又是其创造者。我们很可能是基因和环境相互作用的产物。但有一点很明确：未来即将到来，我们的任务就是决定未来的方向。我们今天的选择将会决定明天的环境。

人与情境的相互作用

社会情境确实对个体有深刻的影响，但是个体也会影响社会情境。二者相互作用。追问到底是外部情境还是内在天性决定了行为，就好像追问到底是长度还是宽度决定了房间的面积。

这种相互作用的方式至少有三种[1]。

- 特定的社会情境对人的影响通常会因人而异。由于人类心理并不会以完全相同或客观的方式来理解现实，所以每个人都会按照自己对情境的解释做出反应。有些人（个体及群体）更为敏感，更容易对社会情境做出反应[2]，比如日本人比英国人更容易对社会期望做出回应[3]。

- 人们通常选择自己所处的情境[4]。假如能选择，社交型的人都会选择能引发社会交往的情境。当你选择就读的大学时，你也在选择自己能接触到的特定社会影响。美国激进的自由主义者不太可能定居在达拉斯的郊区，也不太可能参加商会和观看福克斯新闻。他们更倾向于住在旧金山或多伦多，参加绿色和平组织的活动，阅读《赫芬顿邮报》。换句话说，他们会选择一个强化自身倾向的社会环境。
- 人们往往创造自己所处的情境。请再回想一下我们的先入之见如何自我实现：如果我们预期某人外向、敌对、聪明或性感，我们对待此人的行为就可能会导致他按照我们的预期来行动。毕竟，构成社会情境的不正是置身于其中的人吗？保守的环境往往是由保守主义者创造的。女生联谊会或男性联谊会的活动也是由其成员决定的。社会环境和天气不一样，天气不受我们的左右。社会环境更像我们的家园——我们自己创造的产物。

因此，个人和情境都有其各自的影响力。我们既创造我们的文化世界，也被我们的文化世界所塑造。

情境与个人之间这种相互的因果关系，使我们可以认为人们在对环境做出反应，或是在作用于环境。我们既是社会环境的产物也是社会环境的建筑师，两种观点都是正确的。但一种看法比另一种更明智吗？从某种意义上讲，把自己视为环境的产物（以免我们一方面会因为自己是社会的建筑师而过分骄傲，另一方面会因为自己的问题而过分指责自己），同时把他人视为自由的行动者（以免我们变得专断和喜欢操控他人）比较明智。

然而，也许我们反过来看会更好——把自己看作自由的个体，同时将他人看作是受情境影响的人。这样我们看待自己时会更强调自我效能，而在与他人交往时更多地理解他们的处境。事实上，大多数宗教都鼓励我们对自己负责，但尽量少去评判他人。这是不是因为我们人类的天性正好相反：为自己的失败寻找借口，却把别人的失败归咎于他们自身？

抵制社会压力

社会心理学还从其他方面提醒我们个体所拥有的力量。我们不是被动的机器，任由外力推动。我们会根据自己的价值观采取行动，不受强加于自身的力量的影响。知道有人正试图强迫我们，甚至可能会促使我们反其道而行之。

逆　反

个体都珍视自己的自由感和自我效能感。所以，如果社会压力非常明显，以至于威胁到个体的自由感时，他们常常会反抗。想一想罗密欧与朱丽叶，两个家族的反对反而加深了他们的爱情。我们再想一想儿童，他们常常通过违背父母的命令来维护自己的自由和独立。所以，精明的父母通常不会生硬地下达命令，而是让孩子自己在有限的选项中做出选择："到了洗澡时间了，你想要盆浴还是淋浴？"

很多实验研究表明[5]，限制个体自由的企图通常会引起"事与愿违"的反从众行为，这证明了**逆反**（reactance）理论（人们会采取行动来保护他们的自由感）的正确性。在一项现场实验中，当周围古怪的同学开始戴"Livestrong"腕带时，许多学生就不再戴这种腕带了[6]。同样，当巴宝莉的帽子在足球流氓中流行起来之后，英国的富人就不戴这种帽子了[7]。

逆反理论可能有助于解释未到法定饮酒年龄的年轻人的饮酒行为。加拿大药物滥用中心[8]对 18~24 岁的年轻人进行的一项调

逆反

不合逻辑的推理

查显示，达到法定饮酒年龄（21 岁）的人在过去一年中喝醉过的比例为 69%，而不足 21 岁的人喝醉的比例则高达 77%。一项对美国 56 所大学所做的调查表明，达到法定饮酒年龄（21 岁）的学生中有 25% 是滴酒不沾的，而 21 岁以下的学生中这类人的比例只有 19%[9]。而且，向他们传达反酗酒信息的做法可能不会奏效：饮酒风险最高的人，往往最不可能对旨在保护他们的项目做出反应，这可能是由于他们的逆反心理[10]。逆反也可以解释为什么大多数人会觉得健康饮食和锻炼是非常困难的事情。例如，高达 78% 的人并不定期锻炼。塞波·艾泽欧–阿荷拉[11]解释说："当锻炼成为一项'必须进行'或'应该进行'的活动时，它就在健身活动和自由之间制造了对立"（p. 100）。在一项研究中，当青少年被告知其他人相信吃水果是健康的，他们就说自己打算少吃水果。但当他们听说大多数其他青少年在努力吃足够多的水果时，他们在接下来的两天吃了更多的水果[12]。因为我们知道我们应该做某件事，所以很难在不感到自由受到了损害的情况下真正去做。但如果我们知道其他人正在做这件事（又是规范影响），由于人们有从众的倾向，我们也更有可能去做这件事。我们从中可以学到的一条经验是：要用行动而非劝说来影响他人。

坚持独特性

想象一个完全从众的世界，人与人完全没有区别。这样的世界会是一个快乐的地方吗？如果不从众令人不适，那么千篇一律会带来舒适吗？

当人们显得太与众不同时，他们会感觉不舒服。但在个人主义的西方文化中，如果个体看起来与其他人完全一样的话，他们也会感觉不舒服。这可能是因为不从众已经变得与高地位联系在一起了。“我有一些非常成功的硅谷客户，他们穿着破旧的牛仔裤、Vans 牌鞋子和 T 恤衫，”商业顾问汤姆·瑟西[13]在哥伦比亚广播公司（CBS）的《金钱观察》中写道，“他们身价数亿美元甚至更多，但参加董事会会议时，穿得破破烂烂却是一种身份的象征。”在一系列实验中，西尔维娅·贝莱扎及其同事[14]发现，穿奇装异服（比如红色运动鞋）的人会被其他人认为地位更高。并且，如果有人模仿我们的穿衣风格或自我展示的其他方面，我们可能会对模仿者感到愤怒[15]。

总的来说，当人们认为自己有适度的独特性，并以能彰显个性的方式行事时，他们会感觉更好。在一项实验研究中，施奈德[16]让普度大学的学生们相信，他们的“10 个最重要的态度”与其他 1 万名学生的态度不同，或者几乎完全相同。然后让他们参加一个从众实验。那些被剥夺了独特感的参与者最有可能以不从众的方式来维护自己的个性。此外，拥有最高“独特性需求”的个体往往最不可能从众[17]。

社会影响和对独特性的渴望还表现在美国人给新生儿所起的名字上。追求不常见名字的人们，却常常碰巧取了相同的名字。

2013年，美国十大流行的女孩名字中有埃玛（第2位）、伊莎贝拉（第4位）和埃米莉（第7位）。佩姬·奥伦斯坦[18]指出，20世纪60年代那些想要反抗传统的人给自己的孩子取名为丽贝卡，以为能打破取名的旧俗，结果发现许多人取了同样的名字。“希拉里”在20世纪80年代末和90年代初是一个很流行的名字，当希拉里·克林顿成为名人后，就显得不那么独特，人们也用得少了（甚至在她的崇拜者中也是如此）。奥伦斯坦发现，尽管这些名字的流行度在减弱，但在下一代可能会重新流行。马克斯、露丝、索菲听上去好像是一家养老院或一所小学的花名册。

把自己视为独特的个体，也表现在人们的“自发性自我概念”上。耶鲁大学的威廉·麦圭尔等人[19]研究发现，当要求孩子“向我们介绍一下你自己”时，他们最可能提到的是自己独有的特征。在国外出生的孩子更可能提到他们的出生地，红头发孩子与黑发或棕发的孩子相比更愿意提及自己头发的颜色，体重较轻和体重较重的孩子更可能提及自己的体重，少数族裔的孩子更可能提及自己的种族。

同样，当身处异性人群之中时，我们会更加强烈地意识到自己的性别[20]。有一次，我去参加美国心理学协会的某个会议，恰巧其他10位参会者都是女性，我立刻意识到了自己的性别。第二天结束时，我们休息了一会儿，我开玩笑说，我去洗手间时排队的队伍最短，这才让邻座的女士注意到此前未曾想过的事：这一群体的性别构成。

麦圭尔认为其中的道理就是："个体只有当与众不同时，才会意识到自己，以及自己与众不同的方面。"因此，"如果我是一群白人女性中的一位黑人妇女的话，那么我往往会想到自己是一个黑人；而如果我到了黑人男性群体中，那么我的黑皮肤就没有那么突出了，我更会意识到自己是一位女性"[21]。这一见解有助于我们理解为什么在非白人环境中长大的白人会更强烈地意识到自己的白人身份，为什么同性恋者比异性恋者更能意识到自己的性取向，为什么少数族裔群体更容易意识到其独特性，以及周边的文化与这种独特性的关系[22]。由于多数族裔群体较少意识到自己的种族，他们可能认为少数族裔群体过于敏感。我偶尔会客居苏格兰，在那里，我的美国口音标志着我是一个外国人，我清醒地意识到我的国籍，也对其他人对此的反应非常敏感。

即使两种文化非常相似，人们仍然会注意到彼此的差别，无论多么微小，甚至非常细微的差别也会引起歧视和冲突。乔纳森·斯威夫特在《格列佛游记》中以小人国两大派系斗争的故事讽刺了这一现象。两派的区别是：一派认为水煮蛋该从小的一端剥开，而另一派则认为该从大的一端剥开。从全世界范围看，伊斯兰教的逊尼派和什叶派之间的差别似乎并不大。但是，关注新闻的人都知道，这些微小的差异有时却意味着巨大的冲突[23]。当两个群体非常相似时，竞争往往最为激烈。所以，虽然我们不喜欢太过于离经叛道，然而讽刺的是，我们所有人都想要感到与众不同，并注意到我们如何与众不同。（在认为自己与众不同这一点上，我们与其他人并没有什么不同）。但是，正如对自我服务偏差的研究所表明的那样，我们追求的不仅是独特性，而且是正确方向上的独特性。我们追求的不仅仅是与众不同，而是比一般人更好。

少数派的影响

我们已经了解到：

- 文化情境塑造了我们，但我们也帮助创造并选择了这些情境；
- 从众压力有时会压倒我们更好的判断，但公然的压力会激起逆反心理，因为我们要坚持自己的个性与自由；
- 劝说的力量确实很强大，但我们可以通过公开承诺和预期劝说的诉求来抵制劝说。

最后，我们将讨论个体如何影响他们所在的群体。大部分社会运动最初都是由少数人主导，最终才变成多数人的运动。拉尔夫·沃尔多·爱默生写道：“所有的历史都是少数派（以及一个人的少数派）的力量的记录。”想想哥白尼、伽利略、马丁·路德·金、苏珊·B. 安东尼和纳尔逊·曼德拉。美国民权运动也是由一名非洲裔美国妇女罗莎·帕克斯拒绝在阿拉巴马州蒙哥马利市的一辆公共汽车上让出自己的座位点燃的。科技发展史也是由少数具有创新精神的人谱写的。罗伯特·富尔顿在发明他的蒸汽机轮船（被讽刺为“富尔顿的蠢行”）时，忍受着不断的嘲笑：“在我的道路上从来没有一句鼓舞人心的话，一个光明的希望，一个温馨的祝愿”[24]。事实上，如果少数人的观点从来都没能占上风，历史将是一潭死水，什么也不会改变。

什么因素能使少数派具有说服力？为了使肯尼迪团队考虑他对袭击猪湾的质疑，阿瑟·施莱辛格本该做些什么？瑟奇·莫斯科维斯（Serge Moscovici）在巴黎进行的实验发现了少数派影响力的几大决定因素：一致性、自信和背叛。

一致性

比起摇摆不定的少数派，那些坚持自己立场的少数派更具有影响力。莫斯科维斯及其助手[25]发现，如果参与者中的少数人总是一致认为蓝色幻灯片是绿色的，那么占多数的其他成员有时也会表示赞同。但如果这少部分人摇摆不定，认为其中1/3的蓝色幻灯片是蓝色的，而其他的是“绿色的”，那么多数派中几乎没有一个人会同意是“绿色的”。

实验表明，同时经验也证实，不从众，尤其是一直坚持不从众，往往会很痛苦。成为一个群体中的少数派会让人很不舒服[26]。这有助于解释少数派缓慢效应（minority slowness effect），即相对于多数派，少数派往往不那么快地表达他们的观点[27]。如果你决定做爱默生所说的一个人的少数派，你必须准备好受嘲弄，特别是在你所辩驳的问题与大多数人息息相关以及群体正试图就某一问题达成一致的时候[28]。

即使多数派中的人知道持不同意见的人在事实上或道德上是正确的，如果拒绝改变，他们仍然可能不喜欢这个人[29]。当查兰·内梅斯[30]将两个人的少数派安排在一个模拟陪审团中，并让他们反对多数人所提的意见时，他俩确实变得不受欢迎了。尽管如此，多数派也承认这两人的坚持比其他任何东西都更能促使他们重新考虑自己的立场。多数派的影响经常会激发不假思索的同意，相比之下，少数派的影响会激起更深入的讨论，并且常常会提升创造力[31]。与他人不一致（少数派）的观点可能会让你不受欢迎，尤其当你处于群体边缘时更是如此，但这些观点也可以提升创造力和创新能力[32]。

一些成功的公司已经认识到少数派的观点能够激发创造力和创新能力。以崇尚“尊重个体的原创力”而闻名的3M公司鼓励员工把时间花在大胆的想法上。便笺纸所用的胶水就是3M公司的斯潘塞·西尔弗尝试开发强力胶失败后的产物。3M公司的另一位员工阿特·弗赖伊在用小纸片给自己的赞美诗集作记号时遇到了麻烦，他想：“我需要的是一种边上粘着西尔弗胶水的书签。”即便如此，这也是一种少数派的观点，但最终赢得了持怀疑态度的营销部门的支持[33]。

自 信

一致性和坚持性是自信的表现。而且，内梅斯和瓦赫特勒[34]报告说，少数派表达自信的任何行为，例如坐在席位的上座，往往都会使多数派产生自我怀疑。少数派通过坚定和强硬的态度而表现出的明显的自我确信会促使多数派重新考虑他们的立场。当事关观点（“意大利大部分的原油应该从哪个国家进口？”）而非事实（“意大利大部分的原油是从哪个国家进口的？”）时，尤其如此[35]。

背叛多数派

坚持己见的少数派会打破任何一致同意的错觉。当少数派坚持质疑多数派的判断力时，多数派的成员往往能更加自由地表达自己的疑虑，甚至会倒向少数派的立场。但是，如果出现单独的一名背叛者——一开始同意多数派的观点，重新思考后不再同意——情况会如何呢？约翰·莱文[36]在对匹兹堡大学学生的研究中发现，如果少数派中的某个人是从多数派中背叛而来的，那么他会比那些始终居于少数派的人更有说服力。内梅斯的模拟陪审团实验发现，一旦开始出现背叛行为，其他人常常也会紧紧追随，产生滚雪球效应。

这种强调个体如何影响群体的新观点，带有一种令人愉快的讽刺意味。直到最近，少数派可以左右多数派的观点本身就是社会心理学领域中的少数派观点。尽管如此，通过持续而有力的论证，莫斯科维斯、内梅斯、马斯以及其他人已经说服了群体影响研究中的多数人：少数派影响是一个值得研究的现象。一些少数派影响研究者对这一领域产生兴趣的原因也许并不会让我们吃惊。安妮·马斯[37]成长在二战后的德国，在听完祖母对法西斯的描述后，她对少数派如何影响社会变革产生了兴趣。内梅斯[38]对此产生兴趣是她在欧洲作访问教授的时候。“那时，我与泰菲尔和莫斯科维斯一起工作，我们三个都是‘局外人’——我是一名在欧洲的美国罗马天主教女性，她们两个都是在二战中活下来的东欧犹太人。对少数派观点的价值和抗争的敏感性主导了我们的工作。”

领导是否属于少数派影响

1910年，挪威人和英国人展开了一场史诗般的南极竞赛。由探险家罗阿尔德·阿蒙森有效领导的挪威人成功了。而英国人由于罗伯特·福尔肯·斯科特领导无方而没能成功，斯科特和三名队员遇难。阿蒙森的表现阐释了**领导**（leadership）——个体动员和引导团队的过程——的力量。

有些领导者是正式任命或选举产生的，而有些是在群体互动中非正式地产生的。什么才是好的领导往往取决于情境。领导工程队的最佳人选不一定是销售队伍的最佳领导者。有些人擅长任务型领导（task leadership）——组织工作、设置规范、聚焦于目标的实现；而另一些人则擅长社会型领导（social leadership）——建立团队、调解矛盾、提供支持。

任务型领导者通常具有支配型风格——如果领导者足够明智，能够下达好的指令，这种风格就能很好地发挥作用[39]。由于这样的领导者是目标取向的，他们会将群体的注意力和努力都聚焦在任务上。实验表明，特定的、有挑战性的目标与定期的进度报告相结合有助于激发高成就[40]。拥有祖先男性领导者特征——健康、个子高、阳刚（宽）脸——的男性，往往被视为具有统治力的领导者，并能成功担任公司 CEO[41]。

社会型领导者通常具有民主型风格——他们下放权限，接纳团队成员的意见，并且像我们看到的那样，能避免群体思维。从 118 项研究中收集的数据显示，女性比男性更注重平等，更反对社会等级[42]。很多实验表明这种领导风格有利于鼓舞士气。群体成员在参与决策时通常会感到更满意[43]。如果让员工掌控自己的工作，他们也会更有动力去完成任务[44]。

一度流行的“伟人”领导理论——所有的优秀领导者都拥有某些特质——已被人们抛弃。现在我们知道，有效的领导风格与其说是关于“我”，不如说是关于“我们”，有效的领导者会代表、增强和维护团队的身份[45]。有效的领导也会因情况而异。知道自

变革型领导：有魅力、充满活力并且自信的人有时会通过激励他人接受自己的愿景来改变组织或社会。马丁·路德·金就是这样的领导者。

己该做什么的下属可能会讨厌任务型领导，但不知道的下属或许会欢迎。不过，最近社会心理学家又开始关注，是否某些品质是优秀领导者在很多情境下都应该拥有的[46]。英国社会心理学家史密斯和泰博[47]报告说，在印度、伊朗和中国进行的研究发现，大多数在矿区、银行和政府机构工作的优秀主管在任务型和社会型领导上的得分都很高。他们既积极关注工作的进展，又对下属的需求非常敏感。

研究还表明，许多实验室群体、工作团队和大型公司的有效领导者都表现出了能令少数派观点具有说服力的行为。这样的领导者靠始终如一地坚持自己的目标来赢得信任。他们常常散发出一种自信的魅力，激发追随者的忠诚[48]。有效的领导者通常对事件的理想状态有着令人信服的愿景，尤其是在集体承受压力的时期[49]。他们也能用简单明晰的语言将愿景传达给其他人，并对自己的群体有足够的乐观态度和信心，以激励他人追随自己。具有社会支配性和影响力的人看起来也是有能力的（不论是不是真有能力），因为他们会通过夸夸其谈来表现出自己很有能力的样子[50]。

研究者在对 50 家荷兰公司的分析中发现，士气最高的公司是那些行政总裁最能激励他们的同事“为了集体而超越自身利益”的公司[51]。这种领导风格——**变革型领导**（transformational leadership）——激励他人认同并致力于团队的使命。变革型领导者中的许多人都是有魅力、充满活力且自信的外向者，他们通常会阐明他们的高标准，激励人们分享他们的愿景，并给予个人关注[52]。在组织中，这类领导风格最经常的结果是形成参与度高、相互信任和有效率的工作团队[53]。

事实上，群体也会影响他们的领导者。有时候，那些领头人只是察觉到了群体意见的走向而已。政治候选人知道怎样从民意调查中解读民众的态度。能够代表群体观点的人更有可能被选为领导者，而一个过于偏离群体规范的领导者可能会被抵制[54]。明智的领导者通常与多数派站在一起，并且谨慎地施加自己的影响。

迪安·基思·西蒙顿[55]指出，在个别的情况下，适当的特质与适当的情境相匹配，可以产生改写历史的伟大人物。丘吉尔、托马斯·杰斐逊、拿破仑、林肯或马丁·路德·金等伟大人物的诞生，都需要天时地利人和。如果智慧、技能、决心、自信和社交魅力恰当地结合在一起，并遇上难得的机会，有时就会造就一个冠军、一个诺贝尔奖或是一场社会革命。

11

社会心理学与可持续发展的未来

我们不应该只考虑眼前，还应该考虑子孙后代，甚至那些我们还未曾谋面的未来的国民。

——《易洛魁民族联盟宪章》，又称“和平大律法”

设想你正乘坐一艘巨大的宇宙飞船穿越银河系。为了维持飞船上人类社区的生存，宇宙飞船的生物圈中种植了各种植物，还饲养了很多动物。通过废物回收再利用和资源管理，截至目前，飞船上的生物圈能一直维系下去，养活飞船上出生的子孙后代。

这艘宇宙飞船就是“地球”，现在它承载了 74 亿人，并且人口数量还在不断增加。此外，人类正不可持续地加速消耗地球资源，超出了飞船约 50% 的承受能力。因此，地球需要一年半的时间来再生我们一年内所消耗的资源[1]。随着人口膨胀和资源消耗加速，很多问题凸显出来：森林被过度砍伐，野生鱼类资源枯竭，气候变得极不稳定。一些乘客索取无度。如果 74 亿人都按照一般美国人的生活方式来生活，需要 4 个地球才能养活全球人口。

1960 年，地球承载了 30 亿人口和 1.27 亿辆机动车。如今，有 70 多亿人口和 10 多亿辆汽车。机动车排放的温室气体，以及为发电和供暖而燃烧煤和石油所产生的温室气体，都在改变着地球气候。为了确定气候变化的程度和速度，全世界数千名科学家正通过政府间气候变化专门委员会（IPCC）进行合作，搜集和总结相关证据。科学评估委员会的前任主席霍顿[2]报告，他们的结论经过人类历史上最“深入的科学研究和检验”，并且得到世界上最发达的 11 个国家的国家科学院的支持。

正如 IPCC[3] 和美国科学促进会[4]所报告的，聚合性证据证明气候在变化（如图 11-1 所示）。

- 温室气体层正在不断扩大。自工业革命（约 1750 年）以来，大气中的二氧化碳约有一半是由人类活动所排放的[5]。与前工业时代相比，现在大气中的二氧化碳增加了约 39%，甲烷则增加了约 158%，且增速越来越快[6]。随着冻土消融，释放出的甲烷会使这一问题更加复杂[7]。

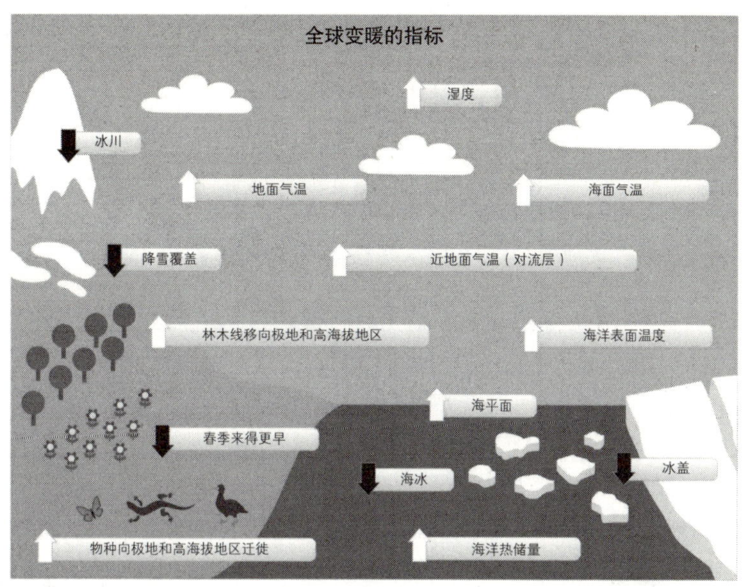

图 11–1 全球气候变化的科学指标总览。[8]

- 海洋及大气的温度在升高。这些数据和事实没有任何政治倾向。有记录以来最热的 10 年都出现在 1998 年以后[9]（见图 11-2），而 2015 年是最热的一年。如果全球气候没有变暖，那么气候的随机变化所产生的破纪录的高温和低温次数应该相当。而事实上，破纪录的高温次数远多于低温次数——例如，美国的两者比例大约是 5:1[10]。澳大利亚最近经历的破纪录高温天数是低温天数的 3 倍[11]。
- 各种动植物在迁移。由于全球变暖，各种动植物在逐渐向两极和更高海拔的地区迁移，预计生物多样性会减少[12]。

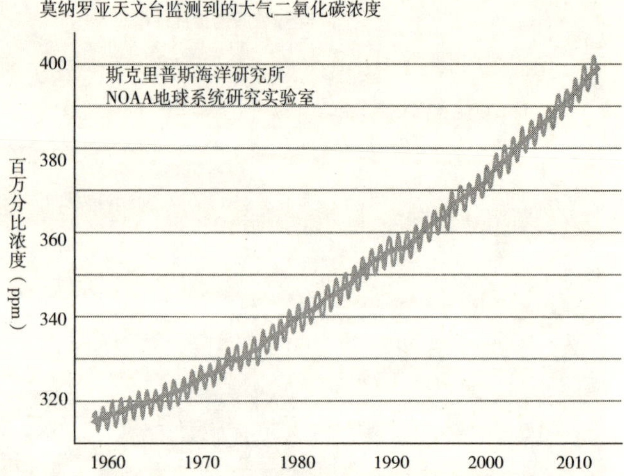

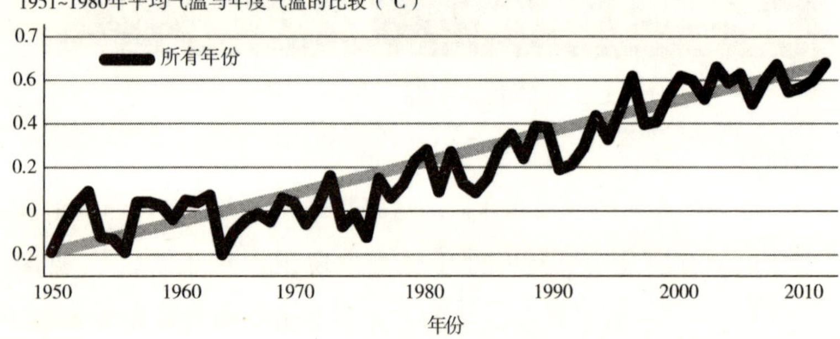

图 11-2　全球气候正在加速变化。随着大气中二氧化碳含量的上升，全球气温也在上升。

- *冰雪层在融化。*夏末北极冰盖面积从 20 世纪 70 年代末的近 300 万平方英里，缩小到 2011 年的 167 万平方英里（见图 11-3）。南极西部和格陵兰岛的冰川也正前所未有地加快消融[13]。美国冰川国家公园的大部分冰川现在都消失了，夏季的融水和灌溉用水都枯竭了。自 1979 年以来，北半球的积雪面积每 10 年减少 19.9%[14]。

- *海平面在升高*。海平面升高预示着沿海和低洼地区，包括巴基斯坦、中国南部以及印度洋和太平洋各岛屿，将面临严峻考验[15]。
- *极端天气在增多*。任何单独的天气事件，比如一波热浪或一次飓风，都不能归因于气候变化，只是恶劣天气而已。然而，恶劣天气越来越频繁。保险巨头瑞士再保险公司（Swiss Re）的数据显示，与天气相关的年平均损失（经通货膨胀调整后）增长到 4 倍多，从 1983—1992 年间的 300 亿美元增加到 2004—2013 年间的 1 310 亿美元[16]。此外，气象学家报告，全球变暖将使各种极端天气更加频繁，如热浪、干旱、火灾和洪水[17]。其后果是农作物和牲畜的大量损失——自 1995 年以来，气候灾害的发生率翻了一番，60 多万人因此丧生[18]。所以，气候变化攸关“生存权”，其危害比恐怖主义大得多。随着全球温暖和湿润的加剧，降雪减少，降雨增多，结果可能是雨季出现洪灾；旱季则由于冰雪融水减少，导致河流干涸。

1979—2014年间9月北极海冰月度平均面积

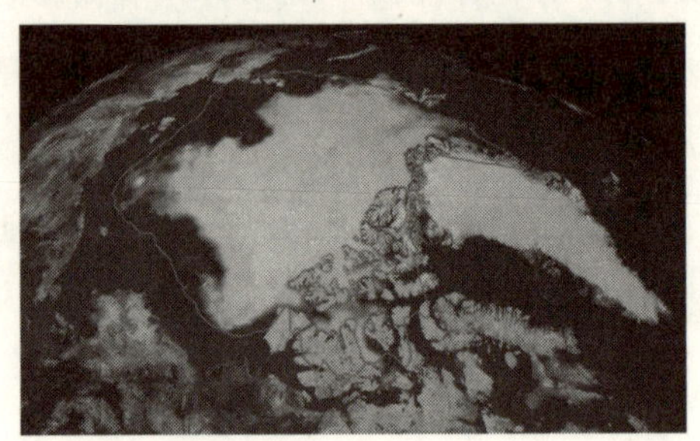

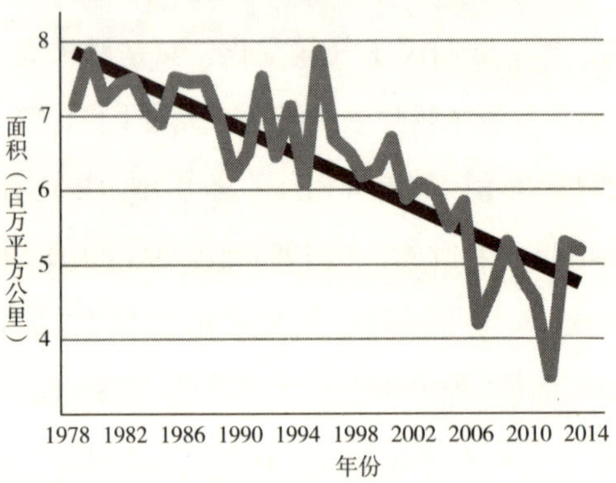

图 11-3 冰盖正在缩小。上图显示了美国冰雪数据中心和美国航空航天局（NASA）公布的 2014 年 9 月的最小冰盖面积，及与 1981—2010 年的最小冰盖面积平均值的对比。下图描绘了 9 月份冰盖逐年缩小的趋势。

心理学与气候变化

纵观历史，社会心理学对诸多人类事件都进行了回应。例如，人权运动时期对刻板印象和偏见的研究，社会动荡和犯罪增多的年代对攻击行为的研究，妇女运动时期对性别发展和性别态度的研究，等等。如果全球气候变化是目前“全世界面临的最大问题”[19]，那么心理学一定会越来越多地研究此类问题，例如，气候变化对人类行为可能的影响，公众对气候变化的看法，以及如何修正造成气候变化的人为因素等。目前，已经有一些这方面的研究。

气候变化的心理学效应

这是一个关乎国家安全的问题。有人说，恐怖袭击和气候变化都是大规模杀伤性武器。“如果我们获悉基地组织正秘密研制一种恐怖技术，可能会破坏全球各地的水供应，迫使数千万人背井离乡，并可能危及整个地球，那么我们会陷入疯狂，并尽一切可能，利用所有的资源来消除威胁，”评论家克里斯托夫[20]说，“而现在，恰恰是我们自己，正用温室气体来制造这种威胁。”想想人类的下场吧。

流离失所与创伤

如果本世纪气温像预期的那样升高 2~4℃的话，那么由此导致的水源供应、农业、灾害风险和海平面等诸多方面的变化将促使人类不得不大规模移民[21]。当干旱或洪水迫使人们离开自己的家园，放弃原有的工作时（例如，撒哈拉以南非洲的农田和牧场变成沙漠），最常见的结果是贫穷和饥荒加剧、寿命缩短和文化认同缺失。如果极端天气或气候变化切断了你与故土以及故人之间的联系，可以预料，你将会感到悲伤、焦虑和失落[22]。气候会影响我们的社会和心理健康。

气候与冲突

气候变化会导致战争吗？通常会。人类很多严重的问题，从经济衰退到战争，都与气候波动有关[23]。一旦气候发生变化，农业往往会遭殃，接踵而至的便是严重的饥荒、瘟疫和哀鸿遍野。资源匮乏的贫穷国家尤其容易受到气候的影响[24]。当人们身处困境时，会变得更容易迁怒于政府和他人，进而导致战争。气候的确会影响社会安定。

对 60 项定量研究的分析显示，冲突在历史上和全球范围内都有激增。结论如下：高温和暴雨导致的干旱和洪水，可以预测家庭暴力、种族侵略、领土入侵和国内冲突的增加[25]。该研究预测，假如气温升高 2℃（预计 2040 年将达到），群体间冲突的可能性会增加 50% 以上。因此，美国国防部[26]发生警告，气候变化可能会加剧贫困、不稳定和社会紧张——“这些都是滋生恐怖主义活动的条件”。美国军事咨询委员会[27]也认为气候变化是“冲突的催化剂”。

公众对气候变化的态度

地球正在变暖吗？人类是否该对此负责？地球变暖是否会影响我们的子孙后代？气象学家对这些问题的回答是肯定的，97%的气象学家认为气候正在发生变化，且是由人类造成的[28]。根据最近对24 210篇气候科学论文的分析，这一比例实际上应该是99.9%[29]。《科学》杂志上的一篇报告解释说："几乎所有气象学家都一致地认为全球变暖对人类构成威胁：这是事实，情况危急，全世界都应该马上采取行动"[30]。

然而，许多人并不知道这一科学共识。2013年，只有42%的美国人知道"大多数科学家认为全球正在变暖"[31]。完全无视气候变化的成年人比大多数人认为的要少[32]。实际上，2013年赞同"有充分证据表明"人类活动导致全球变暖的美国人也仅有44%[33]。2011年，由于民众的怀疑，美国众议院以184票赞成与240票反对否决了一项决议，该决议称"气候正在变化，且主要是由于人类活动造成的，这一变化将对公众的健康和福祉造成严重威胁"[34]。

社会心理学家感兴趣的是，科学界和公众对气候变化的认识为何存在巨大差异？为什么全球变暖没成为社会热点？如何使科学界和公众对全球变暖的认识达成一致？

亲身经历与易得性启发式

现在我们都已熟知，近期生动的体验往往胜过抽象的统计数字。尽管我们知道鲨鱼袭击和飞机坠毁的发生率极低，但这些事件给人留下生动的图像，很容易从记忆中提取，所以往往会挟持我们的情绪，使我们的判断失真。我们在易得性启发式的影响下会做出直觉判断，因此经常会产生不必要的担忧。如果航空公司把我们的行李放错了地方，我们可能会夸大当时的感受，并无视航空公司行李丢失率极低，进而贬低航空公司。演化使得我们的大脑更关注当前情况，而看不到统计数据和潜在的危险[35]。

同样，面对冬季的严寒，人们通常会嘲笑全球变暖的说法。一名气候怀疑论者将美国东海岸的暴风雪视为驳斥全球变暖的“杀手锏”[36]。2011 年 5 月的一项调查显示，47% 的美国人赞同“去年冬天美国东部发生了创纪录的暴风雪，这让我怀疑全球是否真的在变暖”[37]。但经过接下来酷热的夏季后，67% 的美国人赞同全球变暖使得“美国 2011 年的夏季温度创历史新高”[38]。美国和澳大利亚的研究显示，人们在平常更热的日子比在平常更冷的日子更相信全球变暖，也更愿意给全球变暖慈善团体捐款[39]。正如史蒂芬·科拜尔在推特中（2014 年 11 月 18 日）所写的：“全球变暖不是真的，因为我今天很冷！还有一个好消息！世界饥饿问题已经解决了，因为我刚刚吃了东西。”在很多生活领域中，我们的局部体验会歪曲我们对全局的判断。正如你在这本书所了解到的，心理科学一直教导我们，数据铁证比我们自己的个人感知（有时甚至是扭曲的）更准确。

说 服

本地当前的天气会影响人们对未来全球变暖的理解。但这只是解释公众气候变化怀疑论最初的理由。对气候科学的抵制也源于简单的错误信息和动机性推理。

错误信息 人们可能低估气候威胁，因为人们天生乐观，或者将气温和海平面上升程度的不确定性误解为气候变化这一事实的不确定性[40]。特别是在美国，一些团体诋毁科学家，强调行动的短期成本而非不作为的长期成本，从而散播对控制气候变化行动的怀疑[41]。怀疑其他科学发现的人一般也怀疑气候科学的共识[42]。

动机性推理 我们渴望避免诸如恐惧之类的消极情绪，这可能会促使人们否认气候威胁。此外，我们有一种相信现状并使其合理化的自然倾向。我们在旅行、饮食、调节房间温度等方面喜欢自己习惯的模式。因此，当我们感到舒适时，并不会有动机去改变熟悉的现状[43]。而我们天生的证实偏差会让我们更为关注那些证实我们已有观点的材料。因此，如果气候问题的解决方案令人不快，人们往往会否认这个问题本身[44]。

那么，要克服错误信息和动机性推理，气候教育者应该如何运用社会心理学的原理呢？

- 将信息与受众的价值观联系起来。政治价值观会影响人们的看法。2015 年，美国 68% 的民主党人和 20% 的共和党人认为“全球气候变化”是一个“非常严重的问题”[45]。倾向于民主党的受众可能会对关于气候变化影响世界贫困的信息做出更多反应，而倾向于共和党的受众可能会对清洁能源通过减少对外国能源的依赖进而增强国家安全的信息做出更多反应。
- 使用可信的传播者。人们对那些身份及关系与自己相似的信息传播者更为开放，他们信任和尊重这样的人[46]。反醉驾母亲协会通过让母亲们与其他母亲交流而获得了成功。
- 考虑当地问题。虽然气候变化是全球性的问题，但人们对时空邻近的威胁反应更强烈。在澳大利亚、得克萨斯或加利福尼亚，干旱日益加剧的前景可能会引起人们的担忧。而在佛罗里达或荷兰，海平面上升似乎是更为相关。
- 让沟通生动而难忘。考虑到易得性启发式，以及带有图片的香烟警告的有效性，我们应该尽量使信息生动。与其警告“未来气候变化”，不如解释“地球发烧了”。
- 使用“绿色默认项”来推动人们。把打印机设定为默认双面打印，除非选择单面打印。当运动传感器探测不到人的存在时，关闭建筑物的灯光。提供素食主菜，吃肉的人需额外点餐[47]。
- 有效地框定风险信息[48]。用“电热毯”而非“温室效应”来描述气候变暖现象。提供“对气候变化原理的解释”，而不只是陈述“理论”[49]。提议采用“碳补贴”政策，而非政治上不受欢迎的“碳税”。将风险管理与人们的个人决定联系起来——为自己的住所购买火灾保险，为自己的驾驶购买责任保险，系上安全带——以避免出现最坏的结果。

- *以引人注意的方式框定节能信息。*在关于节能的信息表中要描述长期的效果。与其说“这台能源之星冰箱每年将为你节省电费 120 美元”，不如说“这台能源之星冰箱将在未来 20 年里为你节省 2 400 美元多消耗的能源”[50]。

促进可持续发展的生活方式

我们应该做些什么呢？吃喝玩乐，然后等待世界末日来临？还是像许多置身于囚徒困境之中的人一样，都追求个人利益的最大化，结果导致集体利益受损？（“在全球范围内，我个人的消费是无穷小的；消费带给我快乐，但对于世界只是微不足道的一点点。”）或者紧握双手，害怕生育加上繁荣只能带来灾难，并发誓永远不会把孩子带到这个注定灭亡的世界上来？

那些对未来比较乐观的人提出了两种可持续发展的生活方式：（1）提高科技效率和农业生产率；（2）控制消费和人口。

新技术

预计2050年世界人口将比现在多20亿，而且越来越多的人想拥有北美人的生活方式，因此世界面临的一大挑战就是如何在不让地球污染和变暖的情况下，为人类的未来提供动力。

促进未来可持续发展的途径之一是发展科技。现在我们已经用节能灯替代了白炽灯，用电子邮件和电子商务替代了需要打印和寄送的信件和目录，用远程办公替代了数公里开车通勤的办公模式。

现在中年人开的轿车与其年轻时开的轿车相比，单位燃料的里程增加了一倍，而污染仅为以前的1/20，而且新的混合动力

把太阳光收进瓶子里。

汽车和电动汽车能效更高。

未来可能出现的科技包括：发光寿命长达 20 年的二极管；超声波洗涤器，它不需要水、高温和肥皂；可循环使用和可降解的塑料；由氢和氧混合的汽车燃料，燃烧时只会排出水汽；比钢铁还硬的轻质材料；功效是太阳能集热器两倍的屋顶和路面；可以调节椅子的温度来增加人们生活的舒适度，而更少地调节整个房间的温度[51]。

减少消费

促进可持续发展的途径之二是控制消费。随着贫困国家的发展，其消费会不断增加。当这些国家的消费增加时，发达国家的消费就必须减少。

由于家庭计划的实施，今天世界人口的增长速度已经减缓，特别是在发达国家。即使在欠发达国家，当食物得到保障、妇女可以接受教育并拥有更多权利时，出生率也下降了。但是，即便世界各地的出生率立即降到生育替代水平，即每个女性平均有 2.1 个孩子，考虑到人口结构中年轻人的比例，人口增长的势头仍会持续几年。人类在地球上经过数万年的发展，1960 年全球人口规模达到了 30 亿，而根据人口学家的预测，本世纪人口数量的增量就是这一数字。

如此庞大的人口规模已经超出了地球的承载力，因此人类的消费必须变得更加可持续。随着我们的物质欲望持续膨胀，比如更多的人想拥有个人电脑、冰箱、空调和飞机旅行，那么对于那些负担得起过度消费的人来说，怎样才能适度消费呢？

激励措施

一种方法是通过公共政策的激励作用来影响人们的动机[52]。一般来说，纳税事项我们会少做；而奖励事项我们会多做。在拥堵的高速公路上，我们可以用快速车道来鼓励拼车的人，同时惩罚单独开车的人。欧洲首开先河鼓励公共交通工具出行和骑自行车，少开私家车。除对小汽车征收较高的燃油税外，维也纳、慕尼黑、苏黎世和哥本哈根等城市的多条市中心街道都不允许轿车通行；伦敦和斯德哥尔摩市对进入市中心的司机征收交通拥堵费；阿姆斯特丹市是自行车的天堂；数十个德国城市都设有“环保区”，只允许二氧化碳低排放的轿车进入[53]。

一些自由市场支持者反对征收碳税，因为这是一项税收。其他人则认为，碳税只是对我们今天的健康和未来的环境所受损害的补偿。如果现在不对排放二氧化碳的人征税，未来威胁人类的洪水、龙卷风、飓风、干旱和海平面上升所造成的损失该由谁来买单？美国环保基金会的经济学家瓦格纳[54]说：“只有当每个人都为自己的行为足额支付时，市场才算真正自由。其他都不是自由市场。”

反 馈

另外一种鼓励建立绿色家庭和商业的方法是安装“智能电表”，它可以持续读出耗电量和支出，从而让消费者获得即时的反馈。在无人的屋子里，关掉电脑显示器或电灯，智能电表就会显示节约的瓦数。打开空调，你马上就能知道用电量和花费。研究表明，如果在家庭能源账单上用“笑脸”表示用量低于邻居平均水平，用“皱眉”表示高于邻居平均水平，人们就会减少能源使用[55]。

自我同一性

有调查发现，人们购买普锐斯混合动力轿车的主要原因是：“这能向世界表明我的立场”[56]。克朗普顿和卡塞[57]称，事实上我们对自己是谁的感知——自我同一性——对我们的气候相关行为意义深远。社会同一性是界定我们关注范围的内群体，它是否只包括了当前身边的人？还是也包括异地的弱势人群、我们的子孙后代或未来的人，甚至地球自然环境中的其他生物？

新能源政策要获得支持，就需要改变公众意识，正如 20 世纪 60 年代的民权运动和 70 年代的女性运动那样。耶鲁大学环境科学学院院长斯佩思[58]号召公众应该拥有更开阔的自我同一性，这种“新意识”：

- 视人类为大自然的一部分；

- 认为大自然具有内在价值，我们必须加以维护；
- 重视当下及未来的生活和居民；
- 通过思考“我们”而不只是“我”，来领会人们之间的相互依存；
- 用关系和精神的满足而不是物质来定义生活质量；
- 重视公平、正义和人类共同体。

有没有这种可能：人类首要考虑的事情从积累财富转向寻找意义，从过度消费转向维护关系？英国政府为可持续发展而制定的计划，强调提升个人的幸福感和社会的健康。社会心理学家或许能帮助我们指出通往更幸福的道路：提出减少消费的方法，反思物质主义，告知人们经济的增长并不会自动提升人们的精神面貌，帮助人们理解为什么物质主义和金钱并不能使人们感到满足，鼓励人们追求其他内在的价值。

物质主义和财富

尽管最近经济衰退，但西方国家大多数人的生活还是美好的。现在，大多数的北美人都在享受着几百年前贵族们都无法想象的奢华生活：热水淋浴、抽水马桶、中央空调、微波炉、乘飞机旅行、冬季的新鲜水果、大屏幕数字电视、电子邮件、智能手机和便利贴。金钱及奢侈品可以买来幸福吗？很少人会认同这一点。但是，如果是另一个问题："再多一点钱会让你更幸福一点吗？"大部分人都会同意。我们相信财富和幸福之间必然存在某种联系。这种观点符合肖尔[59]所谓的"工作和消费的循环"——工作越多，买得越多。

盛行的物质主义

尽管地球要求我们更环保地生活，但物质主义似乎势头强劲，这在美国体现得最为明显。这正是今天所谓的美国梦：美好的生活、自由自在和购买快乐。物质主义兴起的证据来自美国教育研究所对将近 25 万大学新生所做的年度调查。认为读大学的最重要原因是"挣更多钱"的人，从 1970 年的 39% 上升到 2015 年的 82%（如图 11-4 所示）。实际上，与这一比例出现相反变化的是，认为"形成一种有意义的人生理念"非常重要的人却在急剧减少。也就是说，物质主义在膨胀，精神追求却在衰退。

人们的价值观发生了多么大的变化啊！在调查列出的 19 个目标中，现在的美国大学新生将"经济上非常富裕"列为第一位。这不仅高于"形成一种有意义的人生理念"，还位居"成为所在领域的权威人士""帮助困境中的他人"和"供养家庭"等目标之上。

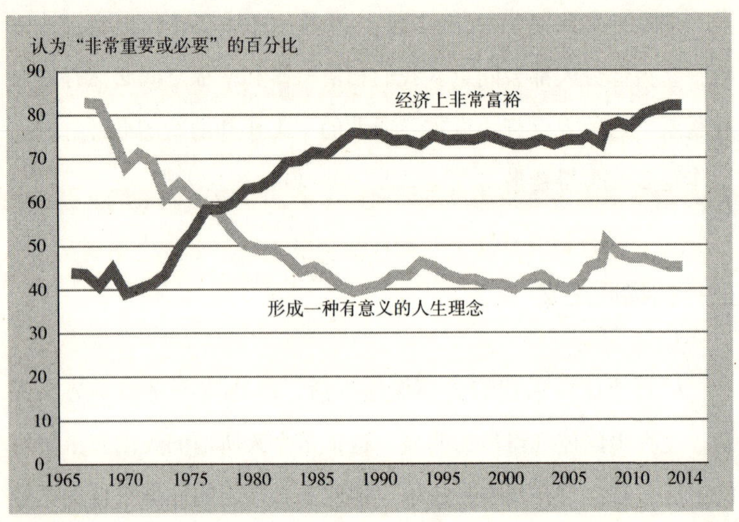

图 11-4 物质主义的变化历程，结果来自对 20 多万名美国大学新生的年度调查（总样本量为 1300 万名学生）。[60]

财富与幸福感

不可持续的消费真的能带来“美好的生活”吗？财富能否带来（或至少与之相关）心理上的幸福感？如果人们的生活方式能以简朴取代奢华——生活在富丽堂皇的环境中，去阿尔卑斯山滑雪度假，总裁级别的旅行——会更快乐吗？假如有人中了头奖，并且可以选择任何放纵的生活——豪华游艇、豪华房车、专业设计师设计的全套服装、豪华轿车以及私人管家——会更快乐吗？社会心理学的一些理论和证据对此给出了一些回答。

富裕国家的人更快乐吗

我们可以通过提出一些问题来观察财富与幸福的关系。第一，富裕国家的人更快乐吗？国家的富裕与人们的幸福感（根据自我报告的幸福感与生活满意度而测得）确实存在一些关联。斯堪的纳维亚人最富裕和最满足，而保加利亚人既不富裕也不满足（见

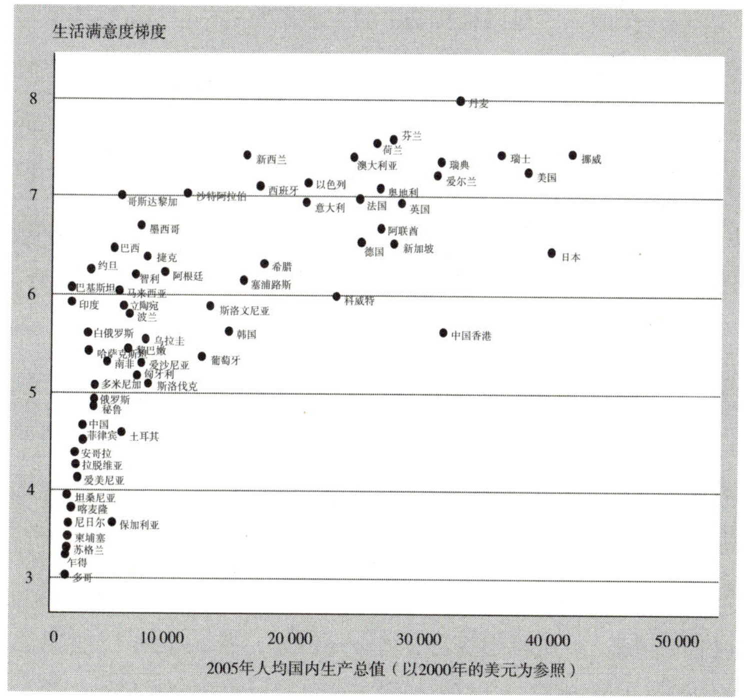

图 11–5　国家和地区的财富和幸福感。132 个国家和地区的生活满意度（从 0~10 的等级）随这些国家和地区财富（2005 年国内生产总值，以 2000 年的美元为参照）的变化。

图 11-5）。但是一旦人均国内生产总值（GDP）超过 20 000 美元，更多的国家财富并不能预测生活满意度的增加。

富裕的人更快乐吗

我们问第二个问题：是否在任何一个国家中，富有的人都更快乐？开宝马车上班的人比坐公交上班的人更快乐吗？在贫穷的国家——低收入不足以维持基本的生活需要——相对富有确实可以预测更强的幸福感[61]。在富裕的国家，大部分人都能负担得起日常生活的必需品，但富裕（以及财务满意度）仍然重要——部分原因是更有钱的人认为对自己的生活更有掌控感[62]。一旦人们的收入达到了生活舒适的水平后，更多的金钱带来的长期回报将递减。盖洛普在 2008—2009 年间对 45 万多名美国人进行调查，发现年收入低于 75 000 美元时，日常生活中的积极情绪（自我报告的快乐、愉悦和经常微笑和开怀大笑）随收入增加而增多，但收入超过这一数字时便不再增加[63]。忧虑和悲伤等消极情绪的消失也存在类似趋势（见图 11-6）。在全球 158 个国家和地区进行的盖洛普调查发现，财务满意度可以预测生活的总体评价。但是个体心理需要（尊重、亲密和赋权）的满足更能预测积极和快乐的情感[64]。甚至超级富有者——例如《福布斯》杂志上最富有的 100 位美国人——报告的幸福感也仅仅略强于平均水平[65]。

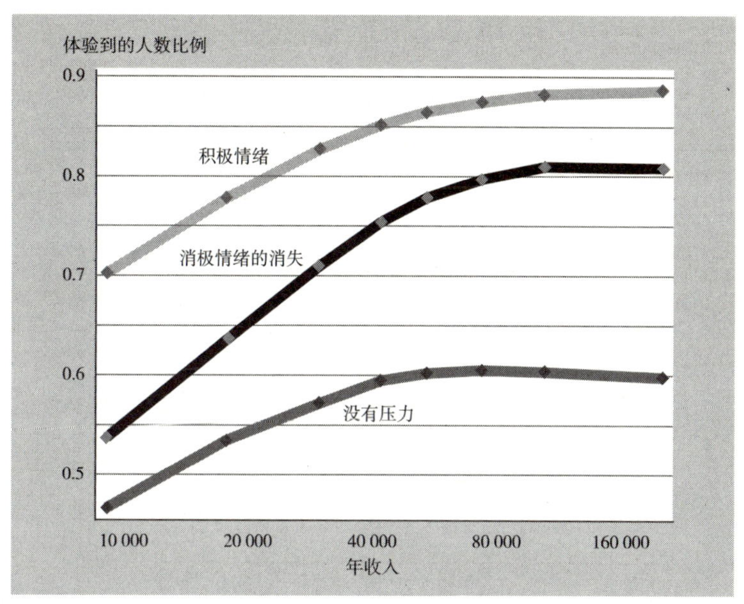

图 11–6 收入增加对积极情绪和消极情绪的影响逐渐减少。数据来自盖洛普对45 万多名美国人的调查[66]（注：收入以对数刻度来表示，这样通常可以突出收入和幸福感之间的相关。）[67]

生活在富裕的 21 世纪的人们更幸福吗

我们问第三个问题：随着时间的推移，幸福感是否随富裕而增强呢？集体的幸福感是否会随着经济的增长而提升？

1957 年，经济学家约翰·肯尼思·加尔布雷思把美国描述为富裕的社会。那时美国人的人均收入按 2009 年的美元来计算还不到 12 000 美元。与 1957 年相比，今天（如图 11-7 所示）的美

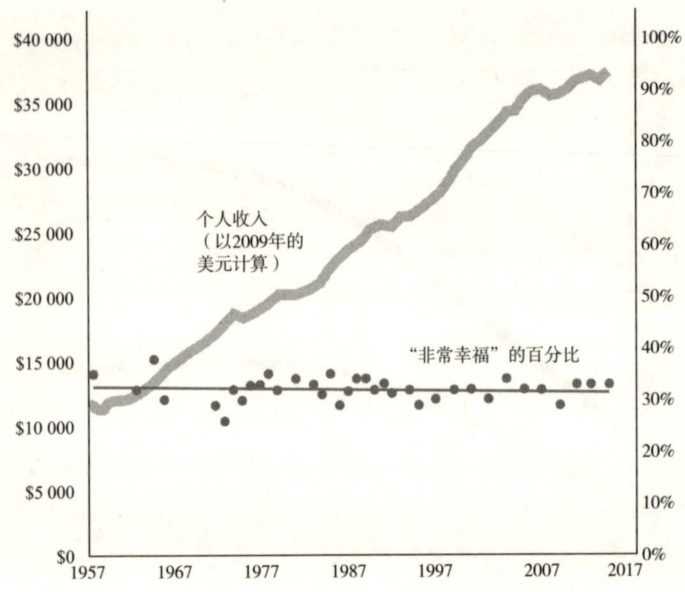

图 11-7　经济的增长是否提高了人们的精神面貌？虽然经通货膨胀调整后的收入确实有所增加，但是自我报告的幸福感却没有增强。[68]

国是“三倍富裕的社会”。由于不平等的加剧，这种上涨的潮水使游艇比小舟上升得更快。不过，所有的船都上升了。美国消费能力的翻倍，部分原因是美国大量已婚女性就业。美国现在人均汽车保有量是以前的两倍，外出就餐的频率是以前的两倍，并且享受着由科技支持的全新世界。自 1960 年以来，拥有洗碗机的家庭从 7% 上升到 69%，拥有干衣机的家庭从 20% 上升到 83%，拥有空调的家庭从 15% 上升到 89%[69]。

那么，认为经济富裕“非常重要”，而且已经富裕起来的美国人，现在真的更快乐吗？在拥有了意式咖啡、智能手机以及带轮子的行李箱之后，他们比以前更快乐了吗？

他们并没有。自1957年来报告自己“非常快乐”的美国人百分比略有减少：从35%下降到29%。人们比以前更富有，但并没有感到更快乐。许多其他国家也是如此[70]。中国经济的十年腾飞，从极少数人拥有电话、40%的家庭拥有彩电，发展到现在大多数人都有这些电子产品，但盖洛普调查显示，中国人对现在的生活感到满意的比例反而在下降[71]。

研究结果之所以令人吃惊，是因为它对现代的物质主义提出了挑战：经济的增长并没有明显提升人们的精神面貌。我们善于谋生，却常常不会生活；我们庆祝经济繁荣，却渴望拥有人生目标；我们珍惜自由，却又渴望与他人建立关系。

物质主义并不能让人满意

发达国家的经济增长居然不能让人满意！更令人惊讶的是，越是为财富努力奋斗的人，其幸福感往往越低[72]。瑞安[73]指出，这是“我所关注的每一种文化都得出的确凿结论”。追求财富、美貌、声誉等外在目标的人，更容易焦虑、抑郁和患心身疾病[74]。卡塞[75]总结认为，那些追求亲密感、个人成长和为社会作贡献等内在目标的人则会体验到更高质量的生活。卡塞[76]还补充说，内在价值观能够提高个体和社会的幸福感，并有助于人们抵制物质主义的价值观。那些关注亲密关系、有意义的工作并关爱他人的人，能够获得一种内在奖励，而那些更关注物质或者自身地位及形象的人，往往很难理解这一点。

停下来想一想：上个月哪件事你最满意？谢尔登[77]及其同事向大学生提出了这一问题（还有关于上周和上学期的类似问题）。接下来，他们要求这些学生评价令人满意的事件在多大程度上满足了10种不同的需要。学生们认为自尊、联结感（感觉和他人联系在一起）和自主（掌控感）是伴随满意事件而体验到的最强烈的情感需要。在所有可以预测满意度的因素中，排在最后的是金钱和奢侈品。

那些极为看重贵重财物的人往往体验到更少的积极情绪[78]。这类物质主义者往往报告理想与现实的落差较大，同时亲密而满意的人际关系更少。富人往往更少体验到生活中简单的快乐[79]，与朋友一起喝茶，品尝一块巧克力，完成一个项目等等，这些乐趣在财富的奢华面前可能算不得什么。

卡塞[80]报告，关注外在目标和物质目标的人，“对保护地球的关注也较少。物质主义价值观越强，对自然的关心往往越少……当人们全力追逐金钱、形象和地位时，就不太可能参与诸如骑自行车、废物回收利用此类有利于生态环境的活动。”

但是，昨天的奢侈品，比如空调和电视，是如何迅速地变成今天的必需品的？两条原理驱动了这种消费心理：人们的适应能力和相互比较的需要。

人类的适应能力

适应水平现象（adaptation-level phenomenon）是指我们依据先前经验所限定的中性水平来判断我们当前经验（比如声音、温度和收入）的趋势。我们在以往经验的基础上，不断调整自己的中性水平——在那个点上，声音不大不小，温度不冷不热，事情不悲不喜。我们会注意到偏离这一水平的变化并做出反应。

因此，当我们的成就超越过去的水平时，我们会感到成功和满足。当我们的社会声望、收入或者家居设备有所改善时，我们会感到高兴。但是，不久之后，我们就适应了这一水平。过去感觉很好的现在变得一般，过去感觉一般的现在变得很差。

那么，有可能在社会创造一个天堂吗？坎贝尔[81]给出的回答是不可能。如果你明天早晨醒来，发现你在自己的理想国——那个世界可能没有钞票、没有疾病，并且有人毫无保留地爱着你——你会在一段时间之内感到非常快乐。但是不久，你就会重新调整你的适应水平，时而感到满足（成就超过期望时），时而感到郁闷（成就没有达到期望时），时而感到很平常。

可以确定的是，人们对某些事情的适应很难终结，比如丧偶，那种丧失感会持续很久[82]。但得偿所愿——财富、考试得高分、芝加哥队获得了全美职业棒球冠军赛——所带来的狂喜远比我们想象的消失得更快。

我们有时还会产生“错误的渴望”。当大一新生在搬进大学宿舍之前，对各种住宿条件的满意度进行预测时，他们都将注意力集中于外在的物质条件。“能住在一间漂亮而便利的寝室我将最开心”，很多学生都是这么想的。但是他们错了。当一年之后重新进行调查时，邓恩及其同事[83]发现，反而是社会因素如团体归属感能更好地预测幸福感。其他调查和实验一再证实，积极的经历会让我们更快乐，尤其是那些能建立关系、助长意义和同一性的经历；而且这些经历不会因为互相比较而褪色[84]。生命中最美好的东西不是物质。

我们的比较欲望

许多生活事件都围绕着社会比较，正如下面这个老笑话所揭示的。两个徒步旅行者遇到一只熊，一个徒步旅行者从他的背包中拿出一双运动鞋，另一个问：“为什么要穿上运动鞋？你不可能比熊跑得还快！”“我不需要比那只熊跑得快，”第一个人回答说，“我只要比你跑得快就够了。”

快乐同样如此，它取决于我们与他人的比较，特别是与同属于一个群体的人进行比较[85]。我们感觉的好坏依赖于我们与谁比较。只有当别人聪明时，我们才显得笨拙。当一个职业选手以年薪 1 500 万美元签约时，年薪 800 万美元的队友可能会感觉不太满意。“我们的贫穷变成现实。不是因为我们拥有的少了，而是我们的邻居拥有的更多。”坎贝尔在《兄弟蜻蜓》中回忆道。

“好，如果你无法给我加薪，
那么能不能降低帕克森的薪水呢？”

社会比较影响我们的情绪。

日益盛行的奢靡之风可以归因于人们向上比较的倾向：我们在攀登成功和财富的阶梯时，大都与水平相当或者之上的同辈相比较，而不与比我们差的人相比。当人们与同一个社区中少数几个富翁比较时，这种向上比较的趋势往往会让他们心生妒嫉和不满意[86]。

在全世界的经济发达和新兴经济地区，贫富差距都有所加大。在 34 个经合组织成员国中，前 10% 的富人平均收入是后 10% 的穷人的 9.5 倍。在贫富差距悬殊的国家，不仅存在诸多健康问题和社会问题，心理疾病的发病率也更高[87]。同样，美国贫富差距越大的州，抑郁的发病率也越高[88]。总之，贫富差距悬殊会使人们知觉到更多的不公平，更缺乏信任，贫富差距大与低收入人群的幸福感较低存在相关[89]。

尽管人们通常会偏爱现行的经济政策，但一项全美调查发现，与图 11-8 中左图的收入分配模式（恰好是美国的收入分配模式）相比，美国人一边倒地更喜欢右图的分配模式（受访者并不知道，右图是瑞典的收入分配模式）。此外，人们更赞成（在理想社会中）收入前 20% 的人占有总收入的 30%~40%（而非实际上的 84%）。在这一点上，美国共和党和民主党分歧很小，收入低于 5 万美元的群体和高于 10 万美元的群体之间差别也不大[90]。

在一项后续研究中，另一个研究团队框定了不同的问题，比如问美国人年收入低于 35 000 美元的百分比是多少，结果发现

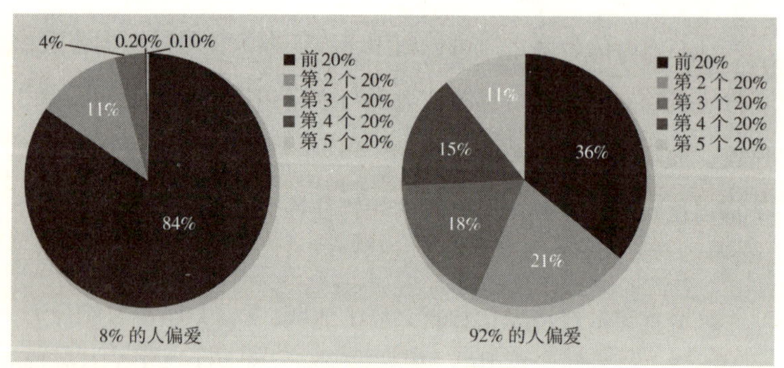

图 11–8　在理想社会中，收入不均的程度该是什么样？一项针对美国人的调查得出了令人惊讶的一致结果，人们更偏爱右图所示的更平等的财富分配（恰好是瑞典的分配方式），而不喜欢美国收入的分配现状（左图所示）。[91]

人们高估了贫困和不平等[92]。但还没完：另一项对 40 个国家的 55 238 人的研究再次发现，人们极大地低估了不平等[93]。通常生活在富人区的富人，尤其有可能低估贫困，并反对旨在减少不平等的政策[94]。

此外，人们理想中的大公司 CEO 和非技术工人的收入差距比实际差距要小得多。例如，在美国位列标准普尔 500 指数的公司，CEO 与非技术工人的实际收入比率（354:1）远超人们估计的比率（30:1）和理想的比率（7:1）。他们的结论是："全世界的人和各行各业的人都偏爱较小的贫富差距。"让人们知道收入不平等的程度会增加他们对日益扩大的收入差距的担忧，但并不会让他们更支持旨在减少收入不平等的再分配政策[95]。

即使在中国，收入不平等的现象也越来越严重。这可以解释为什么财富的增加并不能带来更多的幸福感——无论是在美国还是其他地方[96]。收入增长的不均衡，使更多的人有了富裕的邻居[97]。电视节目中塑造的富裕生活方式也强化了人们的"相对剥夺"感，使人们渴望更多[98]。

适应水平和社会比较现象值得我们停下思考一番。它们意味着通过物质上的成功来追求幸福的人们需要不断地增加自己的财富。然而，好消息是，我们对简单生活方式的适应也会发生同样的情形。如果我们缩减我们的消费（自主选择或者迫不得已），一开始会感到些许痛苦，但这种痛苦很快会消失。一位诗人写道："哭泣或许持续整晚，但欢乐将随黎明而来。"实际上，由于我们具有适应能力和调整社会比较的能力，重大生活事件（如失业或伤残）对情绪的冲击，消散得比大部分人想象的更快[99]。

面向可持续发展与生存

不管我们作为个体还是社会整体，都面临着许多棘手的社会和政治问题。社会如何才能引导人们接纳心理上的幸福感比物质主义更重要的价值观呢？市场经济如何兼容两种不同的动机，既要促进繁荣又要有所节制，从而维持一个适宜人类居住的地球？诸如替代性能源等技术创新多大程度上可以减少我们对生态环境的破坏？同时，为子孙后代维护宜居地球的崇高目标，在多大程度上能够促使我们每个人限制自己的放纵行为——我们随心所欲地开车、焚烧和倾倒垃圾的自由？

如果公众、政府和企业采取以下措施，那么人们的价值观就有动力向后物质主义转变：

- 直面人口膨胀和消费增长对气候变化和环境破坏的影响；
- 认识外在的物质主义价值观使我们的生活更不快乐；
- 找出生命中能保证人类可持续发展和繁荣的事物，并努力去完善它们。

捷克总统瓦茨拉夫·哈维尔[100]说：“如果世界要变得更好，

那么必须先改变人类的认识。”我们必须发现“自己对世界更深的责任感，这意味着我们要对一些高于自我的事情负责。”如果人们开始相信，更大的房子、满满一衣柜很少穿的衣服、停在车库里的豪华汽车，所有这些并不意味着美好的生活，那么认识有可能转变吗？奢侈的消费是否不再代表社会地位，而是被视为一种愚蠢的炫耀？

社会心理学对可持续发展的贡献，部分地源自改变人们的认识，使人们洞察适应和社会比较。这些洞察也来自一些实验，比如降低我们的比较标准，从而冷却我们的奢侈热，并重获满足。在两个实验中，德默及其同事[101]让女大学生通过想象练习置身于剥夺情境中。看完了1900年密尔沃基市人的惨状之后，或者想象并写下自己被焚烧及毁容的情景之后，这些女生表示对自己目前的生活更为满意。

在另一个实验中，克罗克和盖勒[102]发现，与那些完成以“我希望我是……”开头的句子的人相比，那些完成五句“我很高兴我不是……”句子的人，之后更少感到沮丧并对自己的生活更满意。意识到他人的境遇更糟糕能让我们更惜福。一则波斯谚语是这样说的：“我因没有鞋穿而哭，直到我遇见有个人没有脚。”向下的社会比较易使人满足。

与臆想的更糟自我进行向下的比较也能提升满足感。敏京库及其同事[103]要求人们写出如果从未遇到现在的爱人会怎样。与那些写下与爱人见面情形的人相比，那些想象从未有过那段浪漫关系的人，对他们的关系更满意。你能同样想象在你的人生中一些美好的事情从未发生吗？对我来说这很容易，我可以想象若我没有机会认识邀请我创作这本书的那个朋友会是怎样一番情形。只是这样想想，就让我珍惜现在的幸福。

社会心理学还通过对美好生活的研究来促进可持续发展的未来。如果物质主义并不能提高生活质量，那么什么能?

- 亲密、支持的人际关系。我们深层次的归属需要可以通过亲密的、支持的关系获得满足。那些得到亲密的友情和有承诺的婚姻支持的个体更可能声称自己“非常快乐”。
- 信仰团体和其他志愿组织经常是这类联系的来源，也是人生意义和希望的来源。这有助于解释 1972 年以来全美民意调查研究中心对 5 万多名个美国人的调查结果：那些很少或从未参加过宗教活动的人只有 26% 声称自己非常快乐，而那些每周多次参加活动的人有 48% 声称自己非常快乐。大多数贫穷国家对宗教的高度虔诚，也使其人民有着奇高的人生意义[104]。
- 积极的思维习惯。乐观、自尊、知觉到的控制感和外向性也是幸福体验和幸福生活的标志。一项分析综合了 638 项研究，涉及 63 个国家的 42 万多名参与者，结果发现，自主感（即感到自由和独立）始终比财富更能影响人们的幸福感[105]。
- 体验大自然。随机选择一些大学生，让他们在校园附近的大

人生最美好的事物并不在于物质。研究表明，幸福更多地源于体验式消费而非纯物件的购买，消费若花在有预期的和带来美好回忆的体验上，能促进关系和同一性的发展，尤其如此。比如我与两个孩子在斯格兰西部高地越野（迈尔斯），以及与我的孩子们在海滨沙滩度假（特韦奇）。

自然中散步，结果令所有人都惊讶，他们比那些在校园人行道或繁忙街道上走相同路程的学生更快乐、更少焦虑并且更专注[106]。日本研究者报告，"森林浴"（即在林间漫步）也有助于减少应激激素和降低血压[107]。

- 心流（也译为"福流""流畅感"）。在工作和休闲活动中能用到个人技能也是幸福生活的标志。契克森米哈伊[108]指出，在不堪重负的紧张焦虑与轻松舒闲的无聊冷漠之间还存在一个中间地带，在这里人们会体验到心流。心流是一种最佳的人生状态，此时我们沉浸在一种活动中，失去了自我和时间意识。当使用电子寻呼机来对人们的体验进行抽样调查时，人们报告最愉悦的时刻并不是无所事事之时，而是当他们全身心地投入一种忘我的精神挑战之时。实际上，一种休闲活动越不昂贵（而一般更为投入），人们做这项活动时会感觉自己越快乐。很多人在从事园艺活动时，会比玩汽艇时更快乐，和朋友谈话会比看电视更愉悦。事实证明，低消费的娱乐活动往往最令人满足。

这的确是个好消息。那些有助于真正美好生活的东西——亲密关系、基于信仰的社交网络、积极的思维习惯、全身心投入的活动——是永久可持续的。而这个观点与不丹前国王吉格梅·辛格·旺楚克的核心思想不谋而合。他认为："国民幸福总值要比国民生产总值更重要。"不丹研究中心的泰德曼[109]这样解释："国民幸福总值……旨在促进真正的发展和可持续性，方法是测量生活质量，而不仅仅是生产和消费的总和。"现在，其他国家也在评估国民生活质量。

参考文献索引

模块 1

1. Schlesinger, 1991
2. Brown, 1991, 2000
3. Bloom, 2010
4. Hauser, 2006, 2009
5. Shipman, 2003
6. Pinker, 2002
7. Pinker, 2000, p. 143
8. Darwin, 1859
9. Dennett, 2005
10. Buss, 2005, 2007, 2009
11. Barash, 2003
12. Fiske, 1992
13. Baumeister, 2005, p. 29
14. Caspi et al., 2003
15. Inglehart & Welzel, 2005, p. 46
16. Robertson, 1987, p. 67
17. CIA, 2014
18. Koomen & Dijker, 1997
19. Beaulieu, 2004; Triandis, 1981
20. Levine & Norenzayan, 1999
21. Kinias et al., 2014
22. Sullivan et al., 2012
23. Shin et al., 2013
24. Novelli et al., 2010
25. Perry et al., 2013
26. Altman & Vinsel, 1978
27. Gelfand et al., 2011
28. Lonner, 1980
29. Norenzayan & Heine, 2005
30. Argyle & Henderson, 1985
31. Brown, 1965, 1987; Kroger & Wood, 1992

模块 2

1. Stangor et al., 1992
2. AP, 2011
3. APA, 2010
4. Harris, 1998
5. Hyde, 2005
6. Carothers & Reis, 2013
7. Ellis et al., 2008
8. Prentice & Carranza, 2002; Swim, 1994
9. Eagly, 1994; Haddock & Zanna, 1994
10. Chodorow, 1978, 1989; Gilligan, 1982; Gilligan et al., 1990; Miller, 1986
11. Maccoby, 2002
12. Rose & Rudolph, 2006
13. Addis & Mahalik, 2003; Gabriel & Gardner, 1999; Tamres et al., 2002; Watkins et al., 1998, 2003
14. Tannen, 1990
15. You et al., 2011
16. Benenson et al., 2009

17. Friebel & Seabright, 2011; Lenhart, 2010; Smoreda & Licoppe, 2000
18. Crabtree, 2002; Thomson & Murachver, 2001
19. Pryor et al., 2010
20. Dindia & Allen, 1992; Eagly, 1987
21. Taylor, 2002
22. Eagan et al., 2015
23. Diekman et al., 2010; Eagly, 2009; Lippa, 2010; Su et al., 2009
24. Lubinski & Benbow, 2006
25. Pratto et al., 1997
26. Konrad et al., 2000; Pinker, 2008
27. Rossi & Rossi, 1990
28. Ferriman et al., 2009; Katz-Wise, 2010
29. Bureau of Labor Statistics, 2014
30. Putnam, 2000
31. Tiffert & Vilnai-Yavetz, 2014
32. O' Brien et al., 2013
33. Hunt, 1990
34. Batson et al., 1996
35. Singer et al., 2006
36. Rubin, 1985; Sapadin, 1988
37. Hall, 1984
38. Mast & Hall, 2006
39. Coats & Feldman, 1996
40. Williams & Best, 1990, p. 15
41. Schwartz & Rubel, 2005
42. Pratto, 1996
43. Hegarty et al., 2010
44. Koenig et al., 2011
45. IPU, 2015
46. Eagly et al., 2004; Sidanius & Pratto, 1999
47. Colarelli et al., 2006; Davis & Gilbert, 1989; Kerr et al., 1982
48. BIS, 2014
49. Koenig et al., 2011
50. Madera et al., 2009
51. Pfaff et al., 2013
52. Sidanius et al., 1994
53. Van Vugt & Spisak, 2008
54. Byrnes et al., 1999; Cross et al., 2011; Petraitis et al., 2014
55. Barber & Odean, 2001a
56. Koppel et al., 2002
57. Leaper & Robnett, 2011
58. Deaux & LaFrance, 1998
59. Hall et al., 2006; Pennebaker, 2011
60. Helweg-Larsen et al., 2004
61. Hall et al., 2005
62. Wood & Eagly, 2007
63. Knight et al., 2002
64. Statistics Canada, 2010; FBI, 2014
65. Kruglanski & Golec de Zavala, 2005
66. Bettencourt & Kernahan, 1997; Richardson, 2005
67. Archer, 2000; Björkqvist, 1994; White & Kowalski, 1994
68. Archer, 2009
69. Griffitt, 1987
70. Clark & Hatfield, 1989
71. Clark, 1990; Clark & Hatfield, 1989
72. Bailey et al., 2000
73. Schmitt, 2005
74. Lippa, 2008b
75. Fisher et al., 2011
76. Peterson & Hyde, 2011
77. Segall et al., 1990, p. 244
78. Peplau & Fingerhut, 2007; Rupp & Wallen, 2008; Schmitt, 2007
79. Doyle, 2005

80. Belluck, 2008; Rothblum, 2007
81. Pinker, 1997
82. Baumeister et al., 2001; Baumeister & Vohs, 2004; Petersen & Hyde, 2011
83. Schmitt, 2003, 2005
84. Symons, 1979, p. 253
85. Barber, 2000; Baumeister & Vohs, 2004
86. Ellis & Symons, 1990
87. Barry, 1995
88. Halpern, 2010
89. Gallup, 1990
90. Kenrick, 1987
91. Buss, 1995b, 2009
92. Wright, 1998
93. Sundie et al., 2011
94. Roney, 2003
95. Dunn & Searle, 2010
96. Wilson, 1994
97. Haselton & Gildersleeve, 2011
98. Gildersleeve et al., 2014
99. Cantu et al., 2014
100. Buss, 1999
101. Ehrlich & Feldman, 2003
102. Confer et al., 2010
103. Hines, 2004
104. Beltz et al., 2011
105. Auyeung et al., 2013
106. Reiner & Gearhart, 2004
107. Dabbs, 2000
108. Mesoudi, 2009
109. Markus & Conner, 2011
110. Kite, 2001
111. Edwards, 1991; Kalenkoski et al., 2009; United Nations, 2010
112. Bianchi et al., 2000; Fisher et al., 2007
113. Pew, 2010
114. Pew, 2010
115. Niemi et al., 1989; NORC, 1996
116. Donnelly et al., 2015
117. Twenge et al., 2012
118. AAMC, 2014; ABA, 2014; Hunt, 2000
119. Bianchi et al., 2000
120. BLS, 2014
121. Pew Research, 2013
122. Inglehart & Welzel, 2005; IPU, 2015
123. Quartz & Sejnowski, 2002
124. Gillis & Avis, 1980
125. Eagly, 2009; Wood & Eagly, 2007, 2013
126. Eagly, 1987

模块 3

1. Aron & Aron, 1989, p. 27
2. Hodges & Geyer, 2006
3. Asch, 1955
4. Bond & Smith, 1996; Varnum, 2012
5. Rosander & Eriksson, 2012
6. Unkelbach & Memmert, 2010
7. Milgram, 1965, 1974
8. Benjamin & Simpson, 2009
9. Ross, 1988
10. Russell, 2011
11. Packer, 2008
12. Burger, 2009
13. Twenge, 2009
14. A. Milgram, 2000
15. Blass, 1999
16. Milgram, 1965
17. Gibson, 2013
18. Burger, 2014
19. Miller, 1986
20. Brooks, 2011
21. Marcus, 1974

22. Elms, 1995
23. Blass, 1996
24. Dambrun & Vatiné, 2010
25. Padgett, 1989
26. Lydon & Dunkel-Schetter, 1994
27. Kleinke, 1977; Smith et al., 1982; Willis & Hamm, 1980
28. Hofling et al., 1966
29. Krackow & Blass, 1995; Rank & Jacobson, 1977
30. Cohen & Davis, 1981
31. Beauvois et al., 2012
32. Fiske, Harris, & Cuddy, 2004
33. Wallace, 1969
34. Miller, 2004
35. Milgram, 1974, p. 10
36. Haritos-Fatouros, 1988, 2002; Staub, 1989, 2003
37. Staub, 2003
38. Staub, 1989, p. 13
39. Rochat, 1993; Rochat & Modigliani, 1995
40. Swim & Hyers, 1999
41. Kawakami et al., 2009
42. Fiske, 2004; Lankford, 2009
43. Silver & Geller, 1978
44. Sabini & Silver, 1982
45. Patterson, 1996
46. Arendt, 1963; Zillmer et al., 1995
47. McDermott, 2005
48. Milgram, 1974, p. 6
49. Tsang, 2002

模块 4

1. Petty & Cacioppo, 1986; Petty et al., 2005
2. Eagly & Chaiken, 1993
3. Dijksterhuis et al., 2005
4. North et al., 1997
5. Jones et al., 2009; Petty & Bri ň ol, 2008; Walther et al., 2011
6. Chaiken & Maheswaran, 1994
7. Wood, 2012
8. Wiegman, 1985
9. Verkuyten & Maliepaard, 2013
10. Kumkale & Albarracin, 2004; Pratkanis et al., 1988
11. Burger et al., 2001
12. Chaiken, 1979; Dion & Stein, 1978; Pallak et al., 1983
13. Krisberg, 2004
14. Thompson & Malaviya, 2013
15. Cacioppo et al., 1983, 1996; Hovland et al., 1949
16. Chaiken, 1980; Petty et al., 1981
17. Abelson et al., 1982
18. Cialdini, 2008
19. Petty et al., 1993
20. Bodenhausen, 1993; Braverman, 2005; Moons & Mackie, 2007
21. Forgas, 2007
22. Strick et al., 2009
23. de Hoog et al., 2007; Muller & Johnson, 1990
24. O'Hegarty et al., 2007; Peters et al., 2007; Stark et al., 2008
25. Environics Research Group, 2006
26. Innis, 2014
27. AP, 2012
28. de Hoog et al., 2007; Robberson & Rogers, 1988; Tannenbaum, 2013
29. Feinberg & Willer, 2011
30. Levy-Leboyer, 1988

31. Nicholson, 2007
32. Farrelly et al., 2002, 2008
33. Banks et al., 1995
34. Williams et al., 2013
35. Devos-Comby & Salovey, 2002; Maddux & Rogers, 1983; Ruiter et al., 2001
36. O' Keefe & Jensen, 2011
37. Gallagher & Updegraff, 2012
38. Feinberg & Willer, 2011
39. Dolinski & Szczuka, 2012
40. Freedman & Fraser, 1966
41. Gueguen et al., 2008
42. Burger & Guadagno, 2003
43. Cialdini et al., 1978
44. Cialdini, 1988
45. Cialdini, 1988, p. 78
46. Cialdini et al., 1975
47. Guéguen, 2014
48. Guéguen et al., 2011
49. Sears, 1979, 1986
50. McCarthy, J. Same-Sex Marriage Support Reaches New High at 55%.
51. Koenig et al., 2008; Kronsnick & Alwin, 1989
52. Sliver, 2009
53. Davis, 2004
54. Schuman & Scott, 1989
55. Donnelly et al., 2015; Twenge et al., 2015
56. Visser & Krosnick, 1998
57. Eaton et al., 2009
58. Freedman & Sears, 1965
59. Dolnik et al., 2003
60. Festinger & Maccoby, 1964; Keating & Brock, 1974; Osterhouse & Brock, 1970
61. Jeone & Hwang, 2012
62. Harkins & Petty, 1982; Regan & Cheng, 1973
63. Bushman, 2005, 2007
64. Cacioppo et al., 1996
65. Tang et al., 2012
66. Axsom et al., 1987; Haddock et al., 2008; Harkins & Petty, 1987
67. Strong, 1978, p. 101
68. McNeill & Stoltenberg, 1988; Neimeyer et al., 1991; Strong, 1968
69. Heesacker, 1989

模块 5

1. Grossman, 2014
2. Blanton, 2011; Pew, 2010d; Jagel, 2014
3. Jones, 2014
4. Poortinga, 2013
5. Morano, 2013
6. Eagan et al., 2015; Pryor et al., 2007
7. Lumsden et al., 1980
8. McGuire, 1964
9. Cialdini et al., 2003
10. McAlister et al., 1980
11. Botvin et al., 1995, 2008; Evans et al., 1984; Flay et al., 1985
12. McAlister et al., 1980; Telch et al., 1981
13. Hirschman & Leventhal, 1989
14. Johnston et al., 2015
15. McGuire, 2002
16. Levine, 2003, p. 16
17. Adler et al., 1980; Feshbach, 1980; Palmer & Dorr, 1980
18. Moody, 1980
19. Motherhood Project, 2001
20. An & Kang, 2013
21. Mallinckrodt & Mizerski, 2007
22. Epstein & Botvin, 2008

23. Feshbach, 1980; S. Cohen, 1980
24. Levitan & Visser, 2008
25. Visser & Mirabile, 2004

模块 6

1. Triplett, 1898
2. Stroebe, 2012; Strube, 2005
3. Allport, 1920; Dashiell, 1930; Travis, 1925
4. Bayer, 1929; Chen, 1937; Larsson, 1956
5. Allee & Masure, 1936; Gates & Allee, 1933; Klopfer, 1958
6. Dashiell, 1930; Pessin, 1933; Pessin & Husband, 1933
7. Zajonc, 1965
8. Mullen et al., 1997
9. Bond & Titus, 1983; Guerin, 1993, 1999
10. Hunt & Hillery, 1973
11. Michael et al., 1982
12. Moskowitz & Wertheim, 2011
13. Allen & Jones, 2014
14. Unkelbach & Memmert, 2010
15. van de Ven, 2011
16. Geen & Gange, 1983; Moore & Baron, 1983
17. Butler & Baumeister, 1998
18. Jackson & Latané, 1981; Knowles, 1983
19. Mullen, 1986b
20. Wells & Skowronski, 2012
21. Schiffenbauer & Schiavo, 1976; Storms & Thomas, 1977
22. Freedman et al., 1979, 1980
23. Aiello et al., 1983; Worchel & Brown, 1984
24. Evans, 1979
25. Nagar & Pandey, 1987
26. Aiello & Douthitt, 2001; Feinberg & Aiello, 2006
27. Cottrell et al., 1968
28. Worringham & Messick, 1983
29. Mullen & Baumeister, 1987
30. Sanders et al., 1978; Baron, 1986
31. Sanders, 1981a, 1981b

模块 7

1. Kravitz & Martin, 1986
2. Ingham, 1974
3. Latané et al., 1979; Harkins et al., 1980
4. Ingham, Levinger, Graves & Peckham, 1974
5. Harkins, 1981
6. Hardy & Latané, 1986
7. Sweeney, 1973
8. Karau & Williams, 1993
9. Harkins & Jackson, 1985; Kerr & Bruun, 1981
10. Mullen & Baumeister, 1987
11. Williams et al., 1989
12. Faulkner & Williams, 1996
13. Williams et al., 1981
14. H. Smith, 1976
15. Spivak, 1979
16. Kramer, 2008
17. Gabrenya et al., 1985
18. Karau & Williams, 1993; Kugihara, 1999
19. Karau & Williams, 1993; Tan & Tan, 2008
20. Harkins & Petty, 1982; Kerr, 1983; Kerr et al., 2007
21. Hüffmeier et al., 2012
22. Davis & Greenlees, 1992; Gockelet al., 2008; Karau & Williams, 1997; Worchel

et al., 1998
23. Groenenboom et al., 2001
24. Hackman, 1986
25. Comer, 1995

模块 8

1. Burns, 2003a, 2003b; Lawler, 2003c; Polk & Schuster, 2005
2. Lawler, 2003a
3. Lawler, 2003b
4. Smith, 2011
5. Somaiya, 2011
6. Festinger et al., 1952
7. Mann, 1981
8. Mullen, 1986a
9. Zimbardo, 1970, 2002
10. Zhong et al., 2010
11. 引自 Stelter, 2008
12. Ellison et al., 1995
13. Diener et al., 1976
14. Diener et al., 1976
15. Watson, 1973
16. Silke, 2003
17. Johnson & Downing, 1979
18. Postmes & Spears, 1998; Reicher et al., 1995
19. Diener, 1976, 1979
20. Orive, 1984
21. Diener, 1980; Prentice-Dunn & Rogers, 1980, 1989
22. Sentyrz & Bushman, 1998
23. Beaman et al., 1979; Diener & Wallbom, 1976
24. Nadler et al., 1982
25. Heine et al., 2008
26. Hull et al., 1983
27. Ickes et al., 1978

模块 9

1. Stoner, 1961
2. Chen et al., 2000
3. Sunstein, 2009
4. Myers, 2010
5. Moscovici & Zavalloni, 1969
6. Moscovici & Zavalloni, 1969
7. Isozaki, 1984
8. Sunstein, 2007a
9. Brauer et al., 2001
10. Myers & Bishop, 1970
11. Keating et al., 2013
12. Myers & Bishop, 1970
13. Smith & Postmes, 2011
14. Thomas & McGarty, 2009
15. Maccoby, 2002
16. Schkade & Sunstein, 2003
17. Pascarella & Terenzini, 1991
18. Brooks, 2005
19. Schkade et al., 2007
20. Bishop, 2008
21. Eagan et al., 2014; Pryor et al., 2007
22. Winquist & Larson, 2004
23. Cartwright, 1975
24. Lykken, 1997
25. Veysey & Messner, 1999
26. Dishion et al., 1999
27. Gerstenfeld et al., 2003; McKenna & Bargh, 1998, 2000; Sunstein, 2001, 2009
28. Lazer et al., 2009
29. Iyengar & Westwood, 2014
30. Wright, 2003
31. Ariza, 2006
32. Chen, 2012

33. Wilson et al., 2013
34. McCauley & Segal, 1987; McCauley, 2002
35. Smelser & Mitchell, 2002
36. Moghaddam, 2005; Qirko, 2004
37. Merari, 2002
38. Sageman, 2004
39. Chulov, 2014
40. Burnstein, 2009
41. Zajonc, 2000
42. Post, 2005
43. Gigone & Hastie, 1993; Larson et al., 1994; Stasser, 1991
44. Burnstein & Vinokur，1977; Hinsz et al., 1997
45. Festinger, 1954
46. Abrams et al., 1990; Hogg et al., 1990
47. Vorauer & Ratner, 1996
48. Salganrik et al., 2006
49. Kaplan, 1989
50. Janis, 1971, 1982
51. Mellers et al., 2014; Mullen & Copper, 1994
52. Haslam et al., 2014
53. Turner & Pratkanis, 1994; Turner et al., 1992
54. Schlesinger, 1965, p. 255
55. Hampton et al., 2014
56. Speer, 1971
57. McCauley, 1989
58. Janis & Mann, 1977, p. 132
59. Newell & Lagnado, 2003
60. Janis, 1982
61. Mojzisch & Schulz-Hardt, 2010
62. Charlan et al., 2001a, b

模块 10

1. Snyder & Ickes, 1985
2. Snyder, 1983
3. Argyle et al., 1978
4. Ickes et al., 1997
5. Brehm & Brehm, 1981; Nail et al., 2000; Rains, 2013
6. Berger & Health, 2008
7. Clevstrom & Passariello, 2006
8. Canadian Centre on Substance Abuse, 1997
9. Engs & Hanson, 1989
10. Noguchi et al., 2007
11. Iso-Ahola, 2013
12. Stok et al., 2013
13. Searcy, 2011
14. Bellezza et al., 2014
15. Reysen et al., 2012
16. Snyder, 1980
17. Imhoff & Erb, 2009
18. Orenstein, 2003
19. McGuire et al., 1979; McGuire & Padawer-Singer, 1978
20. Cota & Dion, 1986
21. McGuire et al., 1978
22. Knowles & Peng, 2005
23. Rothbart & Taylor, 1992
24. Cantril & Bumstead, 1960
25. Moscovici et al., 1969; Moscovici, 1985
26. Levine, 1989; Lücken & Simon, 2005
27. Bassili, 2003
28. Kameda & Sugimori, 1993; Kruglanski & Webster, 1991; Trost et al., 1992
29. Chan et al., 2010
30. Nemeth, 1979, 2011
31. Kenworthy et al., 2008; Martin et al.,

2007, 2008
32. Rijnbout & McKimmie, 2012
33. Nemeth, 1997
34. Nemeth & Wachtler, 1974
35. Maass et al., 1996
36. Levine, 1989
37. Maass, 1998
38. Nemeth, 1999
39. Fiedler, 1987
40. Locke & Latham, 1990, 2002, 2009
41. Blaker et al., 2013; Wong et al., 2011
42. Lee et al., 2011
43. Spector, 1986; Vanderslice et al., 1987
44. Burger, 1987
45. Haslam et al., 2010
46. Hogan et al., 1994
47. Smith & Tayeb, 1989
48. Bennis, 1984; House & Singh, 1987
49. Halevy et al., 2011
50. Anderson & Kilduff, 2009
51. de Hoogh et al., 2004
52. Bono & Judge, 2004
53. Turner et al., 2002
54. Hogg et al., 1998
55. Simonton, 1994

模块 11

1. FootPrintNetwork.org, 2014
2. Houghton, 2011
3. IPCC, 2014
4. AAAS, 2014
5. Royal Society, 2010
6. World Meteorological Organization, 2011
7. Carey, 2012
8. John Cook, 2010
9. NASA, 2014
10. Gillis, 2013
11. Siegel, 2013
12. Harley, 2011; Houghton, 2011
13. Gramling, 2015
14. NOAA, 2014
15. Houghton, 2011
16. Borenstein, 2014
17. AMS, 2014; National Academies of Sciences, 2016
18. UN, 2015
19. Houghton, 2011
20. Kristof, 2007
21. de Sherbinin et al., 2011
22. Doherty & Clayton, 2011
23. Zhang et al., 2011
24. Fischer & Van de Vliert, 2011
25. Hsiang et al., 2013
26. U.S. Department of Defense, 2014
27. Military Advisory Board, 2014
28. Anderegg et al., 2010
29. Powell, 2015
30. Kerr, 2009
31. AAAS, 2014
32. Leviston et al., 2013
33. Pew, 2014
34. McKibben, 2011
35. Gifford, 2011
36. Breckler, 2010
37. Leiserowitz et al., 2011b
38. Leiserowitz, 2011
39. Li et al., 2011; Zaval et al., 2014
40. Gifford, 2011
41. CRED, 2014
42. Lewandowsky et al., 2013
43. Feygina et al., 2010; Kahan, 2014

44. Campbell & Kay, 2014
45. Pew, 2015
46. CRED, 2014
47. Scott et al., 2015
48. Bertolotti & Catellani, 2014
49. CRED, 2014
50. Hofmeister, 2010
51. N.Myers, 2000; Zhang et al., 2007
52. Swim et al., 2014
53. Rosenthal, 2011
54. Wagner, 2011
55. Karlin et al., 2015
56. Clayton & Myers, 2009, p. 9
57. Crompton & Kasser, 2010
58. Speth, 2008, 2012
59. Schor, 1998
60. Dey, Astin, & Korn, 1991, and subsequent annual reports.
61. Howell & Howell, 2008
62. Johnson & Krueger, 2006
63. Kahneman & Deaton, 2010
64. Fischer & Boer, 2011; Ng & Diener, 2014; Tay & Diener, 2011
65. Diener et al., 1985
66. Kahneman & Deaton, 2010
67. High income improves evaluation of life but not emotional well-being, Daniel Kahneman and Angus Deaton, *PNAS*, September 21, 2010 vol. 107 no. 38 16489-16493.
68. Happiness data from General Social Surveys, National Opinion Research Center, University of Chicago (and Niemi et al., 1989 for pre-1972 data). Income data from Bureau of the Census (1975) and Economic Indicators.
69. Bureau of the Census, 2013
70. Easterlin et al., 2010
71. Burkholder, 2005; Davey & Rato, 2012; Easterlin et al., 2012
72. Dittmar et al., 2014
73. Ryan, 1999
74. Eckersley, 2005; Sheldon et al., 2004
75. Kasser, 2000, 2002
76. Kasser, 2011
77. Sheldon, 2001
78. Solberg et al., 2003
79. Quoidbach et al., 2010
80. Kasser, 2011
81. Campbell, 1975b
82. Diener et al., 2006
83. Dunn et al., 2003
84. Dunn & Norton, 2013; Gilovich & Kumar, 2015; Pchelin & Howell, 2014
85. Lyubomirsky, 2001; Zagefka & Brown, 2005
86. Fiske, 2011b
87. Pickett & Wilkinson, 2011
88. Messias et al., 2011
89. Oishi et al., 2011
90. Norton & Ariely, 2011
91. Norton & Ariely, 2011
92. Chambers et al., 2014
93. Kiatpongsan & Norton, 2014
94. Dawtry et al., 2015
95. Kuziemko et al., 2015
96. Easterlin et al., 2012; Helliwell et al., 2013
97. Hagerty, 2000
98. Schor, 1998
99. Gilbert et al., 1998
100. Havel, 1990

101. Dermer et al., 1979
102. Crocker & Gallo, 1985
103. Koo, 2008
104. Oishi & Diener, 2014
105. Fischer & Boer, 2011
106. Bratman et al., 2015; Nisbet & Zelenski, 2011
107. Phillips, 2011
108. Csikszentmihalyi, 1990, 1999
109. Tideman, 2003

参考文献

AAAS. (2014). *What we know: The reality, risks and response to climate change.* Washington, DC: The American Association for the Advancement of Science Climate Science Panel.

AAMC: American Association of Medical Colleges. (2014). Medical students, selected years, 1965–2014.

ABA: American Bar Association. (2014). A current glance at women in the law.

Abelson, R. P., Kinder, D. R., Peters, M. D., & Fiske, S. T. (1982). Affective and semantic components in political person perception. *Journal of Personality and Social Psychology, 42,* 619–630.

Abrams, D., Wetherell, M., Cochrane, S., Hogg, M. A., & Turner, J. C. (1990). Knowing what to think by knowing who you are: Self-categorization and the nature of norm formation, conformity and group polarization. *British Journal of Social Psychology, 29,* 97–119.

Abramson, L. Y., Metalsky, G. I., & Alloy, L. B. (1989). Hopelessness depression: A theory-based subtype. *Psychological Review, 96,* 358–372.

ACHA. (2009). *American College Health Association-National College Health Assessment II: Reference group executive summary. Fall 2008.* Baltimore: Author.

Ackerman, J. M., Griskevicius, V., & Li, N. P. (2011). Let's get serious: Communicating commitment in romantic relationships. *Journal of Personality and Social Psychology, 100,* 1079–1094.

Ackermann, R., & DeRubeis, R. J. (1991). Is depressive realism real? *Clinical Psychology Review, 11,* 565–584.

Adams, G., Garcia, D. M., Purdie-Vaughns, V., & Steele, C. M. (2006). The detrimental effects of a suggestion of sexism in an instruction situation. *Journal of Experimental Social Psychology, 42,* 602–615.

Adams, J. M., & Jones, W. H. (1997). The conceptualization of marital commitment: An integrative analysis. *Journal of Personality and Social Psychology, 72,* 1177–1196.

Addis, M. E., & Mahalik, J. R. (2003). Men, masculinity, and the contexts of help seeking. *American Psychologist, 58,* 5–14.

Adler, N. E., Boyce, T., Chesney, M. A., Cohen, S., Folkman, S., Kahn, R. L., & Syme, S. L. (1993). Socioeconomic inequalities in health: No easy solution. *Journal of the American Medical Association, 269,* 3140–3145.

Adler, N. E., Boyce, T., Chesney, M. A., Cohen, S., Folkman, S., Kahn, R. L., & Syme, S. L. (1994). Socioeconomic status and health: The challenge of the gradient. *American Psychologist, 49,* 15–24.

更多参考文献请扫描二维码或登录网址 http://box.ptpress.com.cn/y/53625 下载。